LA ESTACA Y
EL ELEFANTE

EL PODER LIMITANTE DE
LAS CREENCIAS

HERMINDO PIÑEIRO

www.estaca-elefante.guiaburros.es

EDITATUM

Diseño de cubierta: © Marta Villarín (EDITATUM)

Maquetación de interior: © EDITATUM

Primera edición: enero de 2025

ISBN: 979-13-87539-04-7

Depósito Legal: M-26496-2024

IMPRESO EN ESPAÑA/ PRINTED IN SPAIN

Te invitamos a registrar la compra de tu libro o *e-book* dándote de alta en el **Club GuíaBurros,** obtendrás directamente un cupón de **2 € de descuento** para tu próxima compra.

Además, si después de leer este libro lo has considerado útil e interesante, te agradeceríamos que hicieras sobre él una **reseña honesta en cualquier plataforma de opinión** y nos enviaras un *e-mail* a **opiniones@guiaburros.es** para poder, desde la editorial, enviarte **como regalo otro libro de nuestra colección.**

Sobre el autor

Hermindo Piñeiro Méndez. Nací en Marín (Pontevedra) allá por el año de 1960. Escribo poesía de forma continuada desde los catorce años. Soy un lector empedernido. La pluma y la palabra forman parte de mi historia. Me considero un humanista. Mi herramienta personal siempre ha sido la fantasía y el lenguaje. A día de hoy, todavía me siguen asombrando y me estimulan todo tipo de conocimientos. Y continúo conservando a estas alturas de mis años, una visión mágica de la vida. Aunque ahora sea más consciente de que existen causas y razones, razones y reacciones, posibilidades reales concretadas en objetivos medibles, con tasas e impuestos indirectos. Y guiones elaborados y eventualmente rígidos de lo que uno debe ser, y de cómo uno debe comportarse en el trabajo, con los amigos o en la familia.

Me he formado y acreditado como:

Diplomado en Enfermería. Licenciado en Psicología Clínica. Psicoterapeuta acreditado por FEAP (Federación Española de Asociación de Psicoterapeutas) y Certificate Psichotherapy Eurosyp. Miembro Didacta y Supervisor acreditado por AETG (Asociación Española Terapia Gestalt) y por FEAP. Experto en Medicina Psicosomática. Especialista en Psicoterapia Ericksoniana e Hipnosis.

Ha publicado los siguientes libros: *Como vulgar hoja de otoño, en mi mano caída; Tiempo y hora de esperanza*; *Poesía*; *Animales redundantes*; *El disfraz de Platón*; *Desaliños*.

Agradecimientos

A Paqui.
Este libro te pertenece.
A cambio, aprendí de ti a amar y a confiar.

Índice

Prólogo

La vida nos ofrece situaciones, acontecimientos y hechos inesperados. A veces, maravillosos y otros tristes, sin razón aparente. Algunas personas les encuentran siempre una finalidad, un sentido *a priori* subyacente. Otros creemos que llegan casualmente, por azar. Quizás no importa tanto la verdad de este dilema de análisis, propio habitualmente del ámbito de las creencias. Lo relevante, en mi opinión, es aceptar esos hechos, interpretarlos y darles un significado *a posteriori,* es decir, incorporarlos para mejorar nuestra existencia y su lugar en el mundo. El azar, la suerte de una sorpresa magnífica en este caso, me llevó a conocer a Hermindo hace menos de un año. Coincidimos unos días apartados en el monasterio de Santo Domingo de Silos y enseguida conectamos. La búsqueda solitaria de sosiego y silencio de cada uno nos dejó tiempo y espacio para conversaciones y paseos juntos, y también ratos de conversación con otros dos buenos compañeros de retiro. Desde entonces Hermindo y yo hemos nutrido nuestro aprecio. Un nuevo y entrañable amigo, en la madurez, es infrecuente. Es un gran regalo del Universo, que me gusta expresar de modo explícito como una "declaración de amistad" que no quiero postergar. Puedo morir hoy.

Este libro está lleno de ingenio, sutilezas y creatividad. Querría hacer hincapié en que nuestro bagaje de conocimientos nos lleva a veces a doctrinas demasiado dicotómicas, y que el análisis de nosotros mismos y de los acontecimientos diarios está lleno de polarizaciones reduccionistas; cuerpo/mente, bien/mal, naturaleza/cultura, amor/odio, etc. y otras tantas dicotomías que realzan los contrastes excluyentes sin resaltar suficientemente la complementariedad de los opuestos. Son los matices de los colores, de los sonidos, de los sabores o del tacto entre las pieles los que enriquecen nuestros sentidos. Lejos del blanco y el negro, los matices también nos hacen crecer en las creencias, pensamientos y emociones. Estos son precisamente los tres apartados de este texto. En algún libro que he olvidado leí que los mayores crecemos en el aprecio de los matices. Muy presentes en este libro, ellos nos ayudan a entender la singularidad de nuestras creencias, pensamientos y emociones, y al tiempo su valor para dar un sentido a nuestra existencia, hitos para recorrer el camino y aspirar a la unidad del ser que cada uno de nosotros somos o podemos ser.

Aproximarnos a la psicología, es decir, acercar la mente, el alma y los sentimientos a nuestras vidas es una tarea muy valiosa en un mundo como el actual, repleto de complejidad, incertidumbre y confusiones. Ayudar a pensar sobre uno mismo es la auténtica autoayuda, lejos de las supuestas recetas sencillas. Muchas gracias, Hermindo, por tus reflexiones y conocimientos, aquí recogidos. Además de disfrutar con su lectura, me indican formas de romper eslabones de la cadena que me ata a mi estaca.

Luis Guerra Romero
Mataelpino, a 24 de octubre de 2024.

Incubando las creencias

Nuestras convicciones más arraigadas, más indu-bitables, son las más sospechosas. Ellas constituyen nuestro límite, nuestros confines, nuestra prisión.

José Ortega y Gasset (1883-1955).

Este es un libro que versa sobre creencias.

Quizás usted no lo sospeche, y sin embargo las creencias nos envuelven, están continuamente a nuestro alrededor.

Las creencias nos dan consistencia, a pesar de que están formadas tan solo por ideas. Qué curioso, ¿no? Las ideas suelen ser tan intangibles como el aire, ¿y son ellas las que nos dan consistencia y solidez?

Insisto: son una parte privada, y muy importante, de no-sotros. Son nuestro particular texto para que podamos conducirnos por el mundo. Y lo afirmo, aun sabiendo que usted puede mostrar cierta incredulidad frente a esta afirmación.

Las creencias tienen la particular capacidad de condicio-nar nuestra vida presente. Y por si esto fuese poco, van a influir, y de qué manera, en nuestro acontecer futuro.

No lo dude, las creencias pueden llegar a estrangularnos.

Una de mis creencias personales es que el guion de la vida se expresa y se nos impone, con independencia de nuestro criterio o deseo. Sobre esto tengo pocas posibilidades al respecto. Así que, a veces, solo a veces, siento que soy inducido a un estado forzado de pasividad frente al destino.

Que mi supuesto poder o capacidad personal para la toma de decisiones, esa libertad de elección, el denominado libre albedrío, se encuentra seriamente limitado y restringido. Como si yo fuese una víctima más de las circunstancias.

En otras palabras, mi creencia se ajusta a reconocer que el azar tiene un gran peso sobre mí. Aunque también puedo asumir que tengo una cierta capacidad de respuesta. Puedo así aceptar y colaborar, o no, con las condiciones que el destino me va imponiendo.

Es esta una creencia de carácter flexible o adaptativa. Otorga un 60% de posibilidades a una circunstancia como el azar, aunque también concede un 40% a mis propias respuestas y decisiones. A este tipo de creencias se les denomina *creencias racionales* (más adelante hablamos sobre ellas).

Lo que a continuación cuento no deja de ser más que un cuarenta por cien de una decisión personal. El resto, el sesenta por cien, lo impuso el azar.

El viernes veintinueve de diciembre del año 2023 inicio de mi nueva etapa laboral: la jubilación.

En el horizonte aparecían ya las primeras luces del nuevo año. Deseaba que este 2024 se distinguiera de forma notable de mis anteriores etapas, entre otras cosas porque, después de cuarenta y cinco años, ya no me encontraba en situación de activo. Así que uno de mis primeros movimientos fue señalar en el calendario unos días concretos. Estos días se correspondían con la seria intención de formalizar un retiro.

La posibilidad de vivir un retiro era un deseo interiorizado durante muchos años, que iba posponiendo una y otra vez en virtud de muchas causas y razones, y que por fin en ese momento parecía cristalizar. Con tantos años entregados al runrún de la terapia y al servicio del otro, mi necesidad en este momento era envolverme en un manto de silencio y de soledad.

Me sentía comprometido a entregarme a la sabiduría de la vida, a escucharla. Cavilaba darle un sentido más prosaico a lo que ya era mi nuevo estado, quizás algo más humilde y terrenal. Y deseaba iniciar este retiro en un entorno donde lo espiritual coexistiera con la majestuosidad de la piedra, edificada sobre los siglos.

En mi decisión, me acogí al monasterio de Silos, en Burgos, todo un enclave privilegiado de historia y de reconocimiento. Suponía la oportunidad de poder vivir en un ambiente contemplativo, anclado en un entorno lleno de primitiva espiritualidad y donde a través del canto gregoriano se glorificaba el reconocimiento de la creación.

Lo curioso de la vida es que expresa su guion de una forma libre y desenfadada, y sin tan siquiera pedirnos permiso.

A este monasterio de Silos se habían acogido más buscadores anónimos y todos coincidíamos a la hora de las principales comidas. La presencia de un fraile mesero venía a poner orden y mesura en el comedor. Nos asignó una mesa y nos reunió alrededor de la misma. Éramos cuatro los comensales que nos sentábamos de forma habitual en esa mesa, personas de una discreta edad, con una amplia experiencia en la vida y de profesiones variopintas. Todos presentábamos una sólida formación a cuestas, un trayecto y una experiencia laboral consolidada, y una sabiduría muy particular, propia de las múltiples vivencias y de la práctica, lo que dotaba a cada uno de nosotros de una visión muy singular de la vida.

Mi intención inicial era acogerme al retiro y al silencio. El curso de la vida me aportó otra cosa (ese sesenta por cien). A pesar de esto, yo todavía poseía una cierta capacidad de elección (un discreto cuarenta por cien).

Las intensas charlas que allí acontecieron entre los cuatro dieron lugar a largas sobremesas, que acabaron por desbordarse más allá del recinto monacal. Había sustancia en el condimento, y por parte de los ejecutantes existía entrega en los fogones. Así se fueron cocinando verdaderas reliquias de la gastronomía intelectual.

La idea de este libro surge al calor de esa cocina, y la posibilidad de *hornearlo* responde a una solicitud directa y concreta. Y por supuesto, yo también podía participar en la decisión. Creo que está claro hacia dónde derivó la misma.

Este libro tiene un sentido puramente divulgativo y didáctico, no es ni pretende cumplir la función de un manual de autoayuda.

Y sería necio negarlo, también persigue un fin.

Quizás pretenda convencerle de que todavía tiene la capacidad y la posibilidad de liberarse de algunas cadenas que le atan.

Y quizás también procure despertar ese poder que usted posee, aquel capaz de estimular aquellas viejas aspiraciones que un día anheló.

Ojalá.

Introducción: la estaca y el elefante

Cuando yo era pequeño me encantaban los circos, y lo que más me gustaba de ellos eran los animales. Me llamaba especialmente la atención el elefante que, como más tarde supe, era también el animal preferido de otros niños. Durante la función, la enorme bestia hacía gala de un tamaño, un peso y una fuerza descomunales... Pero, después de la actuación y hasta poco antes de volver al escenario, el elefante siempre permanecía atado a una pequeña estaca clavada en el suelo con una cadena que aprisionaba sus patas.

Sin embargo, la estaca era solo un minúsculo pedazo de madera apenas enterrado unos centímetros en el suelo. Y aunque la madera era gruesa y poderosa, me parecía obvio que un animal capaz de arrancar un árbol de cuajo con su fuerza podría liberarse con facilidad de la estaca y huir.

El misterio sigue pareciéndome evidente.

¿Qué lo sujeta entonces? ¿Por qué no huye?

Cuando era niño, yo todavía confiaba en la sabiduría de los mayores. Pregunté entonces por el misterio del elefante... Alguno de ellos me explicó que el elefante no huía porque estaba amaestrado.

Hice entonces la pregunta obvia: "Si está amaestrado, ¿por qué lo encadenan?".

No recuerdo haber recibido ninguna respuesta coherente.

Con el tiempo, me olvidé del misterio del elefante y la estaca... Hace algunos años, descubrí que, por suerte para mí, alguien había sido lo suficientemente sabio como para encontrar la respuesta: "El elefante del circo no escapa porque ha estado atado a una estaca parecida desde que era muy muy pequeño".

Cerré los ojos e imaginé al indefenso elefante recién nacido sujeto a la estaca. Estoy seguro de que en aquel momento el elefantito empujó, tiró y sudó tratando de soltarse. Y, a pesar de sus esfuerzos, no lo consiguió, porque aquella estaca era demasiado dura para él.

Imaginé que se dormía agotado y al día siguiente lo volvía a intentar, y al otro día y al otro... Hasta que, un día, un día terrible para su historia, el animal aceptó su impotencia y se resignó a su destino.

Ese elefante enorme y poderoso que vemos en el circo no escapa, porque, pobre, cree que no puede. Tiene grabado el recuerdo de la impotencia que sintió poco después de nacer. Y lo peor es que jamás se ha vuelto a cuestionar seriamente ese recuerdo.

Jamás jamás intentó volver a poner a prueba su fuerza.

Todos somos un poco como el elefante del circo: vamos por el mundo atados a cientos de estacas que nos restan libertad. Vivimos pensando que no podemos hacer montones de cosas, simplemente porque una vez hace tiempo que lo intentamos y no lo conseguimos.

Hicimos entonces lo mismo que el elefante y grabamos en nuestra memoria este mensaje: "No puedo, no puedo y nunca podré". Hemos crecido llevando este mensaje que nos impusimos a nosotros mismos y por eso nunca más volvimos a intentar liberarnos de la estaca. Cuando, a veces, sentimos los grilletes y hacemos sonar las cadenas, miramos de reojo la estaca y pensamos: "No puedo y nunca podré".

Esta historia tiene su origen en un cuento clásico de la India. Es una historia que de alguna forma hice mía, porque en mi infancia abundan la existencia de circos y de fieras. Y me sirve, y así lo espero, para poder ilustrar al lector sobre las fuerzas intrínsecas de nuestras raíces y de las mismas creencias. O en este caso, de las estacas.

La introyección: tragar sin digerir

La psicología humanista corresponde a la llamada *tercera fuerza* en la psicología. La primera y segunda son, por este orden, el psicoanálisis y el conductismo (que acabará derivando en lo cognitivo-conductual). Como siempre crecemos sobre los restos de una base de conocimientos anteriores, ciertos elementos del psicoanálisis y de lo cognitivo–conductual nutren la psicología humanista.

En el psicoanálisis eran una cuestión básica los denominados *mecanismos de defensa de la psique,* que evolucionaron en la psicología humanista hasta lo que hoy conocemos como *mecanismos neuróticos,* que tienen esa doble cualidad notoriamente evidente (por otra parte, como todo en nuestra realidad), de defender nuestra psique hasta permitirnos llegar a ser adultos, y poder expresarnos en la vida como una entidad biológica viva, única y singular.

La parte *oculta* de esa doble cualidad es que, al igual que nos defienden, nos inmovilizan e impiden progresar o evolucionar a otros estadios superiores. Nos atrapan en aspectos inmaduros de nuestra personalidad, donde nos adormecen, mientras vamos transitando por la vida. Solo una conmoción lo suficientemente importante podría sacarnos de ese marasmo indolente.

Hay varios mecanismos neuróticos conocidos y reconocidos, aunque particularmente el que nos interesa en esta obra es el mecanismo de la *introyección*.

La introyección es un mecanismo neurótico que implica una patología de contacto con el mundo interior. El sujeto ignora sus estados internos, no reconoce ni hace contacto con su mundo interior. En esencia el sujeto considera como propio (perteneciente a sí) aquello que no le es propio (lo que pertenece al exterior).

Solemos recurrir a una simulación digestiva para captar su sutileza: imagínese que va a comerse una manzana. Lo habitual sería darle un mordisco, masticar ese trozo de manzana en la boca, mientras lo ensaliva (primera parte de la digestión), llevarlo a través del esófago al estómago (segunda parte de la digestión) y de aquí al tránsito intestinal (tercera parte de la digestión), donde se absorberían los nutrientes y se desalojaría lo desechable. En la introyección, la secuencia sería: darle un mordisco a la manzana, tragarlo entero y apenas sin digerir, encapsularlo en algún rincón de nuestro organismo. Ya forma parte de nosotros, de nuestra entidad biológica y viva que somos nosotros. Es un tragar sin masticar. No hay digestión: no se absorben nutrientes, tampoco se generan desechos.

La introyección genera un contacto conflictivo con uno mismo. Vivir una y otra vez la contradicción. Se aprecia, como signo externo y reconocible, la existencia y obediencia a unas normas internas propias, donde los "deberías" y los "tengo que" acaban consolidando una personalidad excesivamente lastrada y rígida.

Así pues, nos encontraríamos que un introyector es alguien inflexible, rígido (que no contempla las sutilezas del contexto exterior) lleno de muchos "deberías" e idealizaciones, con un contacto conflictivo consigo mismo y envuelto en densas contradicciones.

Ya hemos llegado a las estacas, esas que nos inmovilizan.

Liberarse de esas estacas siempre es posible. Requiere empeño, una cierta constancia y el deseo de permitirse ser.

Recuerdo un trabajo personal de terapia. Era un trabajo de psicoterapia hecho en grupo. El paciente de la ocasión obedecía a un perfil constitucional de un hombre sólido. Poseía un cuerpo macizo y compacto, una caja torácica ancha y una espalda voluminosa. Sus piernas y sus brazos eran correosos, y estaban desarrollados y marcados muscularmente. Era un hombre fuerte. En la escena, el paciente se había sentado posicionándose frente al grupo. Estaba emocionalmente conmovido. Vivía un momento de contacto personal íntimo y profundo. Pronto tomó la palabra y, desarmada su contención, comenzó a golpearse con el puño en el pecho. Ese puño incidía una y otra vez sobre esa fuerte coraza muscular que era su pectoral. Acompañando a cada uno de estos golpes, golpes auto-infligidos, iba hablando en voz alta dirigiéndose a sus compañeros.

—Soy duro —les decía—, soy fuerte —elevaba el tono—, yo lo puedo soportar todo.

Esas eran sus palabras. Mientras su postura se mantenía erguida, las lágrimas resbalaban copiosamente y su voz se quebraba por momentos. Lo recuerdo como una escena conmovedora.

Una vez superada la catarsis, el paciente nos pudo manifestar, ya más tranquilo, que había escenificado inconscientemente cómo se maltrataba desde hacía años. El cómo se imponía, a través de una rigidez mantenida, sus "tengo que" y sus "debería" en el contexto de su vida diaria.

Que gran parte de sus creencias y de su forma de vida se aglutinaban alrededor del concepto dureza; que esta dureza era probablemente fruto de una infancia y adolescencia jodida; que esta dureza él la entendía como un poder personal, poder para sostener y encajar todo tipo de golpes y heridas, incluso emocionales, o mantener esa capacidad embustera de mostrar suficiencia y entereza en todo momento; y que, por supuesto, él era alguien totalmente autónomo, que podía desenvolverse solo, que no necesitaba de nadie.

Nos siguió relatando su trayectoria, los desencuentros, las peleas con la vida, la soledad, el sufrimiento vivido en silencio. Hasta que un buen día, con una madurez más terrenal, decidió buscar ayuda. Necesitó de un largo acompañamiento psicoterapéutico. En ese nuevo camino personal se fue desdibujando, diluyendo. Llegó a sentir confusión. Y sintió amanecer su otra cara oculta: la de la sensibilidad. Fue un cambio paulatino y progresivo. Y cuando esta fue consolidándose, surgió todo su potencial: la empatía, la ternura, la calidez, la entrega.

Reconocía el modelo.

Yo albergaba en mi interior una experiencia muy semejante. Empujarme a transitar la dureza hasta alcanzar su opuesto fue para mí un aprendizaje arduo. No es fácil innovar cuando en tu horizonte ya asoma la proximidad de la cincuentena, y sin embargo, una vez que conocí el camino, me permití seguir la estela que trazaba la debilidad. Empecé a experimentar el vivirme vulnerable, a permitirme sentirme frágil y desconcertado. Tras este recorrido tan personal, no puedo concebir hoy una relación terapéutica sin que medie la ternura.

La terapia es un acto de intimidad y confianza, que convierte este encuentro en una relación única y básica. En este espacio afloran situaciones y estados emocionales diversos. El hombre habitado al encuentro de su fragilidad.

El psicoterapeuta, o al menos así lo entiendo, hace de la ternura un oficio en este tipo de espacio.

"Sin la ternura no hay nada, terapéuticamente hablando". De esta forma se expresaba Claudio Naranjo, uno de los más prestigiosos psicoterapeutas de la *Gestalt*. La denominada terapia *Gestalt* es una de las orientaciones de la psicología humanista.

Prosiguiendo con mi historia, terminé sobrepasando el límite que me marcaba el peto, aquella coraza que blindaba mi pecho, el símbolo de mi dureza, aquella que me protegía de los encontronazos, de los golpes y las callosidades de la vida. Porque ahora ya no precisaba de ninguna armadura. De hecho, todavía a veces me sorprende esa sensación tan natural de sentir mi pecho libre, libre de defensas y de corazas.

Esta pequeña transformación personal giró alrededor de una progresiva desvinculación de unas creencias sólidamente incrustadas. Estas creencias fueron necesarias en aquel entonces para defenderme de un mundo que yo experimentaba como ampliamente hostil. La dureza me hacía sentir hasta cierto punto invulnerable frente a estados como el dolor físico, la degradación, el desengaño o la tristeza.

Estas creencias que en aquel entonces me ayudaron y me preservaron, ahora, con el paso de los años, me limitaban, me asfixiaban.

Tengamos presente que, cuando hablamos de creencias, nos estamos refiriendo de por sí a una rigidez personal e intelectual provocada por todo aquello que nos hemos tragado. Estas creencias son incrustadas profundamente en la tierra, aparentemente inamovibles, con la finalidad de limitarnos y domarnos: el elefante en el circo.

Inicialmente son aprendidas en la infancia, directamente de nuestros padres, o a través de nuestros profesores (en el colegio), o de nuestros confesores (en el culto religioso). Todo en connivencia con unas reglas morales y en una cultura ya preestablecida.

Juguemos a la heráldica: construyendo su escudo familiar

Le invito ahora a que se provea de papel y bolígrafo. Será un ejercicio muy sencillo. ¡Y puede que le sorprenda!

Póngase en una postura cómoda, muy cómoda. Una vez ahí, cierre los ojos, respire pausadamente y permítase percibir su cuerpo por zonas anatómicas. Enfóquese concretamente en sus pies. Sienta sus sensaciones (temperatura, tensión...), sus dimensiones, su arquitectura... suba hasta sentir toda la magnitud de sus piernas, y siga percibiendo, mientras sube hasta la cintura...

... ahora está en su pecho, y en su pecho, y cercano al corazón, se abre un túnel escasamente iluminado de tonalidades carmesí. Siga ese camino imaginario hacia su interior. Confíe... ya está abocando a su niñez...

... comienza a revivir sensaciones, emociones, olores de su infancia...

... y siga recorriendo el camino... hasta llegar a su antigua casa, la casa familiar. Está en la puerta de esa casa, y la traspasa... reconoce las paredes, los muebles, ese olor característico, escucha las voces de mamá en la cocina y los pasos de papá en el pasillo... es el niño o la niña que era en aquella casa de su infancia.

Ahora medite durante un rato sobre las siguientes cuestiones:

¿Cuáles son las normas que hay en esa casa?

¿Qué está permitido? ¿Qué está prohibido?

¿Qué me dice papá de cómo debo ser?

¿Qué me dice mamá de cómo debo ser?

Ahora abra sus ojos y haga un listado de al menos 30 rasgos de su personalidad (y no se preocupe si solo salen 20). Escríbalos sobre un papel. En este listado deben aparecer los rasgos que usted piensa que definen su personalidad.

A continuación, divida el folio en tres columnas. Cada columna tendrá un epígrafe: "Mamá", "Papá" y "Mío". Empiece ordenando y agrupando en las columnas esos rasgos que anotó, siguiendo estas indicaciones:

¿Cuáles de estos rasgos pertenecen a mamá?

¿Cuáles de estos rasgos pertenecen a papá?

¿Cuáles de estos rasgos son realmente míos?

Ahora dele la vuelta al folio y ponga en mayúsculas un lema, una breve frase que defina esa infancia...

Por último, permítase añadir con colores, pequeños detalles, dibujos o esquemas que resalten esa infancia suya tan particular... dese ese permiso, solo para usted tendrán sentido...

Ha concluido usted su personal e intransferible escudo heráldico y el lema familiar del mismo.

Este ejercicio de proyectarnos sobre nuestro pasado infantil suele sorprender habitualmente y tiende a contribuir a tomar conciencia en el presente de la entidad que habitamos y que somos.

A continuación, y como ejemplo del poder de este ejercicio, trascribo tres breves registros tomados de algunos de los grupos de psicoterapia en los que participé:

- Terapeuta: ¿Qué os llama la atención de esto?

- Participante (mujer): Que me parezco mi padre (19 rasgos son de él). Me sorprende. Hace 10 años que murió mi padre, parece que mi carácter se ha hecho con él. Siempre me he sentido unido a él.

- Terapeuta: ¿Y qué te llama la atención con tu madre?

- Participante (mujer): No conecto con la forma de mi madre, es opuesta a mí. Siempre he conectado con la de mi padre. Con mi madre siempre ha habido una barrera.

- Terapeuta: Qué poco originales somos, ¿verdad? Sorprende que siendo uno mayor todavía sigue reflejándose en el papá o en la mamá. Así lo genuino está todavía por salir.

O este fragmento:

- Participante (hombre): Sin embargo, yo que tengo más rasgos de mi padre (son 17) y solo seis de mi madre, me identifico más con mi madre.

- Terapeuta: ¿Y tú tienes una idea de por qué es esto?

- Participante (hombre): (Comienza a llorar) Sí, mi padre nunca estaba, y mi madre sí estaba ahí, y lo ponía todo.

- Terapeuta: ¿Qué te pasa?

- Participante (hombre): Siento que estoy traicionando la memoria de mi padre, que murió.

- Terapeuta: ¿Qué te queda por decirle a tu padre?

- Participante (hombre): Que lo quiero y que lo amo, y que lo echo mucho de menos.

- Terapeuta: ¿Y tú te reconoces en esto en el día a día?

- Participante (hombre): Me reconozco en mi padre.

- Terapeuta: ¿Y de tu madre queda algo?

- Participante (hombre): Ella está viva. En uno los cursos de mayores (tiene 76 años), le enseñaron la fuerza de los abrazos, y algo en mi casa ha cambiado.

- Terapeuta: ¿Necesitas algo aquí y ahora?

- Participante (hombre): Está bien por mí. Si pidiese algo sería el niño, y yo no soy el niño.

- Terapeuta: ¿Quién habla, tu padre o tu madre?

- Participante (hombre): Hablo yo ahora.

O este otro fragmento:

- Participante (hombre): Me he sentido angustiado, solo cuatro son míos. 15 son de mi padre y 6 de mi madre.

- Terapeuta: ¿Y qué te dice esto?

- Participante (hombre): Si te tengo que creer, he estado siguiendo la norma. No soy genuino. Hay mucha identificación.

- Terapeuta: ¿Qué te pone en angustia y con qué?

- Participante (hombre): Con qué hacer con mi vida. Valentía para hacer muchas cosas.

- Terapeuta: Elige a alguien. Y háblale, cuéntale...

- Participante (hombre): (Elige a una mujer): Me siento pequeño, me veo cómo un niño, y tengo ilusión por hacer cosas nuevas, como.... un trabajo distinto, vivir en otros lugares o ser más bohemio (suspira).

- Terapeuta: parece que hay una emoción ahí.

- Participante (hombre): Estoy descontento, hay cansancio... quiero ser quien soy a mis 42 años (nuevo suspiro).

- Terapeuta: ¿Qué significa el suspiro?

- Participante (hombre): cansancio.

- Terapeuta: ¿Cansancio de ti?

- Participante (hombre): Contra el yugo que me tiene atado.

La familia como sistema de creencias

Cuando hablamos de familia, todos tenemos bien asentado el concepto: progenitores (usualmente un padre y una madre o bien, dos adultos que realizan dichas funciones) e hijos (uno o varios hermanos).

Una familia debe tener una estructura para poder sobrevivir y cumplir sus metas y funciones. Y esta estructura se mantiene a través de un conjunto invisible de demandas funcionales, que organizan los modos en que interactúan sus miembros: la comunicación, los roles y las reglas o normas.

Cada familia tiene un sistema único de modelo de comunicación, que va a influir en todos sus miembros. Esta comunicación se compone de un carácter verbal (semántico, por medio de frases, palabras, tonos,), no verbal (gestos faciales o corporales, desplazamientos...) y emocional (tonos, silencios...).

Los roles (padre, madre, hermano mayor...) son usados como un proceso para ordenar las relaciones dentro de la familia.

Las reglas y normas (guardar silencio, inclinar la cabeza, hablarme de usted...) son la expresión observable de los valores de la familia en lo social (entre ellos mismos o frente a la sociedad). Toda ello conforma una sopa de nutritivos elementos dispuestos a ser tragados día a día y de forma continuada. Los "no sabes", "no sirves", "no debes", "no puedes"..., o los "tienes que" o "deberías".... o "un hombre es" o "una mujer debe"... nos venían a decir a ese niño que éramos en aquel entonces cómo teníamos que ser o cómo debíamos comportarnos.

Tengamos en cuenta que los hijos son los depositarios de las ilusiones, los anhelos y los deseos de los padres, y que ese niño todavía en gestación ya recibe de forma anticipada, en depósito o como regalo, un nombre con el que se identificará y acabará siendo reconocido. En el propio acto de buscar el nombre de la criatura (sea este acordado en situación de armonía o en discrepancia), ya los padres de forma inconsciente están diciéndole lo que se entiende será el sentido que pretendidamente esperan de su vida. Algunos hijos cargan con el nombre de un familiar muerto como tributo al mismo y lo acaban transformando en una exaltación a la tristeza. A otros, el nombre le es impuesto como una fórmula de fascinación y de cariño por alguien considerado especial en esa familia. Este niño acaba portando el escudo de la admiración y de lo notable. A otros se les carga con un nombre siguiendo la imposición baladí de una moda, un puro guiño a la superficialidad.

Todo en nuestro mundo está en evolución, y esto incluye la concepción de la familia. A lo largo del último siglo, el término ha ido evolucionando. Hoy se hacen habituales las familias de un solo progenitor (monoparentales) y el número de hijos suele decantarse por uno (el hijo único). Con pequeños matices quizás, este tipo de familias sigue el guion preestablecido.

Los hijos, como depositarios de estas ilusiones, muchas veces soterradamente inconscientes, acaban siendo una extensión de la identidad de esos padres o madres ("carne de mi carne" proyectada en el tiempo y en el espacio) y, por tanto, de sus deseos frustrados o inconclusos.

Estos hijos tienen un carácter casi mágico como aval o recurso a disposición de los padres, y en última instancia de la familia. Están en el mundo para aumentar la fuerza contributiva del núcleo familiar, o bien para enmendar y subsanar los guiones torcidos, las vidas miserables o las expectativas frustradas que permanecen latentes en uno o en ambos padres. En otros casos, la solicitud encubierta es la de progresar socialmente. El empeño de los hijos por medrar está forzada y encaminada hacia el relumbre social, a ascender en el escalafón social su propio nombre, y por ende, el de su estirpe.

Como hijos sufrimos a veces verdaderas imposiciones, que tienen una intención y una dirección muy claras. A veces tan solo pretenden dotar al sistema familiar de mecanismos básicos de supervivencia: "Hijo (hija), tus hermanos no tienen suficiente para comer y para vestir. Estamos pasando necesidades. Necesitamos tu ayuda". Este es un señuelo que se dirige hacia el bien común, y que no es mal vivido por el reclamado, tiene un sentido y una función. Un hijo frente a una solicitud de este tipo es muy probable que se oriente a la búsqueda de un jornal (tenga la edad que tenga) y que entregue este en su totalidad a sus padres.

Este fue mi caso. Me inicié en el mar, en la pesca, con quince años. Continuaba con mis estudios, mientras seguía trabajando en los barcos por temporadas (la temporada de verano y las navidades). No abandoné el mar y los embarques hasta los veinte años, ya con mi título de enfermero en las manos. Para mí todo ese esfuerzo tuvo su sentido, era el primogénito de la familia. Poder contribuir económicamente al sostenimiento familiar me enorgullecía. Sentía que cumplía con mi deber, y esto me dejaba plenamente satisfecho.

Mis padres, como tantos españoles, fueron hijos de una guerra civil y de una cruenta postguerra. Crecieron a pesar de sus heridas, y acabaron formando y consolidando su propia familia. A todas luces habían triunfado desde el criterio de la evolución: sus genes se esparcían a través de su descendencia. Juntos se acompañaron en sus traumas interiores, aquellos de los que eran depositarios, y en su biografía vacía de afectos.

La familia fue ampliándose merced a las convicciones sociales y religiosas de la época (hablamos de los años 1960 y 1970). En la nuestra, fuimos ocho hermanos nacidos. La prohibición de los anticonceptivos y el aborto, así como un sentido del destino puesto en Dios y en lo universal, convirtieron a las familias numerosas en el reclamo del momento.

Yo llegué pronto. Como ya mencioné, soy el primogénito. En mí se depositó la aspiración de impulsar a la familia en la escala social (el orgullo social). Estaba llamado a ser el médico de la casa. En esos años esta profesión era un gran activo de prestigio y de renombre social. A los veinte años ya era enfermero. A los veintidós años me inicié en los estudios de Medicina. A los veintitrés años me casé y, aun casado, persistía en mis estudios de Medicina. A los veinticinco años llegó el final del matrimonio, nos divorciamos. Con el divorcio, renuncié también a otros compromisos que me ataban, como el seguir cursando Medicina.

Empecé a entender que lo de ser médico era toda una imposición. Me sentía esclavizado al deseo y a un proyecto de mi padre. La situación me oprimía. Esa meta no era mi decisión, no me pertenecía. No era mi creencia.

La familia, el clan, con el paso del tiempo va asentando la base de lo que constituirá su identidad. La ejecución de roles y de normas, además de los patrones de conducta y de respuesta que el sistema familiar establece, se van tornando ley. Y se organizan y se vuelven una rutina, que preserva y facilita toda una visión comunal. Cada miembro se hace portador de estas cadenas, que servirán de guía, y heredarán estas tradiciones familiares como un sistema de creencias firme que da sentido a su realidad personal, a su realidad familiar y su realidad social (cultural, religiosa...). Paulatinamente y de forma soterrada, va surgiendo y consolidándose así el mito familiar.

"El mito familiar se refiere a un número de creencias bien sistematizadas y compartidas por todos los miembros de la familia respecto a sus roles mutuos y la naturaleza de su relación. Estos mitos familiares contienen muchas de las reglas secretas de la relación, reglas que se mantienen ocultas, sumergidas en la trivialidad de los clichés y la rutina del hogar".

Ferreira, 1963.

Por otro lado, este sistema vivo que es la familia, con sus propios roles, reglas y normas de funcionamiento, se acaba convirtiendo en un auténtico mecanismo de supervivencia. Mecanismo de supervivencia y también de defensa, que se manifestará una y otra vez, a lo largo de las conductas, emociones, valores, ideales y principios, retroalimentando así el propio sistema de forma pertinaz, una y otra, y otra vez.

Todo esto se aglutina en el mito familiar y actúa a modo de identidad, la identidad de un grupo familiar coherente y cohesivo. Y que frente a un probable y aparente daño potencial al sistema, reaccionará como reacciona cualquier organismo que se defiende de la invasión de un agente patógeno: atacando, defendiéndose.

Recuérdese que la literatura, el cine y la propiedad realidad nos dan frecuentes ejemplos de conflictos y choques entre clanes familiares: *Romeo y Julieta* de Shakespeare retrata un enfrentamiento entre los Montesco y los Capuleto; el crimen de Puerto Urraco acaecido en España en 1990, proviene de un enfrentamiento soterrado entre los Izquierdo y los Cabanillas.

Una creencia es una afirmación personal (sea irracional o no, sea tragada o no) que consideramos verdadera. Y todos consideramos nuestras propias creencias como auténticamente ciertas. Y las argumentamos en su uso y las defendemos como línea maestra.

Ya van apareciendo los elefantes.

Son grandes, torpes, grises. Asustan con tan solo verlos.

Y lo curioso es que todos están atados a estacas.

La oveja negra y los excluidos

Imagínese una mesa de billar. En ella, además del tapete verde con unos bordes bien definidos, destacan unas bolas macizas de colores, todo esto encuadrado en una mesa de madera de configuración rectangular. Si usted golpea una bola, la misma, recogiendo la inercia del impacto, se desplazará hasta golpear a una o varias bolas (con una cierta probabilidad). Este movimiento a su vez hará que otras bolas golpeen a sus vecinas, o bien inicien un camino en solitario que finaliza una vez recobren su posición estática (se paren). Una bola en desplazamiento obliga siempre a modificar los emplazamientos de las otras, en mayor o en menor medida. Esta metáfora visual es impactantemente simple.

Pues bien, acabamos de definir y observar cómo opera en el contexto de su relación toda una familia.

La terapia familiar sistémica es una especialidad de la psicología que trabaja sobre las relaciones y los conflictos familiares. Y lo hace desde el encuadre de la teoría general de sistemas. La metáfora anterior es una representación de esta en la práctica clínica.

Desde el enfoque de la terapia sistémica, una familia se encuadra en un conjunto de elementos que poseen las siguientes características comunes:

✳ una constitución de elementos que integran una estructura (varias bolas en una mesa billar),

✳ que funcionan como un sistema cerrado e independiente (con unos bordes que limitan y aíslan el campo de juego)

✳ en equilibrio dinámico y con capacidad de transformación (las bolas pueden o no desplazarse, y buscar nuevas posiciones en el tapiz).

Planteado más formalmente, la familia, entendida como un sistema, presenta unas propiedades definitorias:

a) La existencia de unas propiedades dinámicas propias:
   – Interacción: una combinación de elementos que la constituyen y que se relacionan constantemente entre sí.
   – Circularidad: la conducta de uno produce una reacción y exige una adaptación por parte de los otros.

b) La presencia de dos fuerzas que incitan hacia la:
- Autorregulación: la tendencia de la familia a reorganizarse en un equilibrio estable.
- Evolución o transformación: la capacidad de la familia a la modificación o la adaptabilidad ante nuevas circunstancias.

Cuando una familia recurre a la terapia familiar es porque hay un conflicto familiar. Y aquí estamos ya observando la presencia de las dos fuerzas anteriormente mencionadas, enfrentadas.

Desde la óptica de la terapia familiar sistémica, cuando uno de los miembros enferma (usualmente será siempre el más débil en recursos personales), lo hace como una forma de evidenciar que es el sistema mismo el que está en crisis, y que debe tratarse el sistema.

Sirva como ejemplo de lo anterior: si un hijo o una hija comienza una escalada de desafíos y enfrentamientos serios y prolongados en el tiempo, cuestionando la ley y la estructura familiar, es posible que la pareja (papá y mamá) estén viviendo veladamente una situación de ruptura.

Destaca también un juego patológico que tiene cabida en la familia y donde tiende a agruparse un número preciso de actores. Y es que, en el contexto familiar pueden llegar a existir alianzas o coaliciones de varios, en función de la inclusión o exclusión de un tercero. A estas asociaciones vinculares la terapia sistémica las denomina *triángulo perverso*.

Las personas que componen el triángulo suelen pertenecer generaciones diferentes. Así, es habitual encontrar la alianza entre uno de los padres con uno de los hijos o de las hijas. En el proceso interactivo que se establece en esta coalición, los objetivos suelen estar claros: lo que se pretende es anular o diluir la autoridad y el prestigio de uno de los progenitores. Así las alianzas suelen ser del tipo madre–hijo contra el padre, o bien padre–hija contra la madre. Este fenómeno de formación de triángulos suele darse frecuentemente y suele adoptar formas muy variadas, y es fuente y origen de larvados conflictos y de continuadas tensiones.

De alguna forma la terapia sistémica pone su foco en el desempeño cotidiano de lo que es el contexto familiar. Hemos podido poner énfasis en la afectación y el desequilibrio familiar existente a través del caso de un componente de la familia que enferma, o de la constitución de una alianza perversa entre varios de sus miembros. Sin embargo, existe otra modalidad que incide en el estilo de lo que son las actividades grupales en el contexto familiar.

Desde el punto de vista del funcionamiento, se pone la atención en lo que se considera su forma de maniobrar frente a las adversidades y los requerimientos del día a día. Esto acabará determinando si a una familia concreta se la etiqueta como disfuncional o se la cataloga como sintomática (patrones enfermos).

Las familias–problema suelen ser identificadas prontamente, pues se revisten con una serie de características de tipo socioeconómico y cultural. Suelen estar asociadas con la carencia de recursos económicos (la presencia de deudas) o con un habitual clima de malas relaciones en el entorno, y también con una dependencia crónica del uso de los circuitos de ayuda social (por medio de prestaciones económicas o asistenciales). Es habitual encontrar que la comunicación familiar se especializa en un uso abusivo de las emociones como juego manipulativo.

En estas familias disfuncionales es común la existencia de lo que denominamos *confusión generacional*. Esta confusión proviene de que el reparto de roles se encuentra enturbiado (hay personas que ocupan un lugar que no les corresponde). En la práctica este problema toma múltiples formas, como la ausencia de distancias entre padres e hijos, o el desempeño por un adolescente del rol de uno de los progenitores (padre o madre). Para algunas familias disfuncionales, acontecimientos como el internamiento de un hijo en un centro de protección de menores, la presencia de deudas, la falta de vivienda o de trabajo se han convertido en un estilo de vida.

Una vez visto esto, quizás ahora podemos dar entrada a los elefantes. Aunque serán unos elefantes diferentes. Estos aprendieron por accidente o por perseverancia a liberarse de sus estacas, aunque no han conseguido desprenderse de la cadena que llevan al cuello. Son unos elefantes en libertad, aunque todavía no libres. Hablamos de las ovejas negras y de los excluidos.

Todos solemos entender rápidamente el concepto que subyace bajo la denominación *oveja negra*. La oveja negra es aquel que representa un rol familiar disruptivo: cuestiona dogmas, rompe normas y tiende a rebelarse. Además, puede llegar a asumir una doble cualidad: oveja negra y chivo expiatorio.

Esta etiqueta desfavorable de oveja negra se ancla en los propios orígenes del término, ya que en la antigüedad se prefería a las ovejas blancas en los rebaños, pues era más fácil teñir la lana y comerciar con ella. Las ovejas negras eran apartadas del rebaño para evitar contaminarlo (por apareamiento), e incluso su sola presencia se llegó a asociar con el diablo (lo maligno).

En psicología, el chivo expiatorio es la persona a quien se culpa. Se trata de una persona sobre la que recaen las acusaciones o condenas, aunque no sea la verdadera responsable de lo ocurrido. La familia coincide en señalar a una persona determinada, y sobre ella dejan caer su frustración o enfado, aliviando indirectamente el malestar emocional. Suelen ser personas apocadas o muy introvertidas.

Los chivos expiatorios en determinadas épocas, y en un contexto puramente social, llegaron a representar el mal encarnado y fueron perseguidos de forma tenaz. Esta persecución y culpabilización obedecía a que se les consideraban portadores de una maldición. Era usual que este tipo de conductas se activaran ante la existencia de acontecimientos adversos sufridos por la comunidad (terremotos, inundaciones, epidemias...).

Históricamente lo encontramos en la persecución de los judíos y su intento de exterminio, o en el acoso por parte de la Inquisición a determinadas mujeres que eran consideraban brujas.

En la dinámica familiar, es habitual que las ovejas negras acaben siendo excluidos del sistema. La exclusión podría ser parcial (en las reuniones, en las decisiones) o completa (la expulsión, el ostracismo).

Sin embargo, desde una vertiente de la psicología, se la dota de un matiz diferente: a la persona excluida se la suele definir más como alguien que rompe la lealtad familiar. Es un traidor o traidora. Es alguien que rompe el pegamento de las creencias o del mito familiar, que se permite generar y adoptar nuevas creencias. Lo curioso es que este excluido puede acabar convirtiéndose en el faro que ilumine la esperanza de la familia de origen.

"Las llamadas ovejas negras de la familia son, en realidad, buscadores natos de caminos de liberación para el árbol genealógico. Aquellos miembros del árbol que no se adaptan a las normas o tradiciones del sistema familiar, buscan revolucionar las creencias, yendo en contravía de los caminos marcados por las tradiciones [...]. Aquellos criticados, juzgados e incluso rechazados son los llamados a liberar el árbol de historias repetitivas. Historias personales que frustran a generaciones enteras"

Hellinger, 2019.

Son muchos los pacientes que en psicoterapia he tratado con esta etiqueta. A menudo acuden experimentando un gran sufrimiento, puesto que han pasado años de invalidación, y llegan lastrados por la culpa. La culpa de ser ellos en origen, los responsables del conflicto.

El Camino de Santiago es una de las propuestas terapéuticas que a veces les suelo ofrecer, no solo por la trascendencia espiritual (y a veces, convencida fe) que encierra el camino en sí, sino por la posibilidad de prolongar la terapia durante días, en un propio acompañamiento consciente (autoterapia). Y en su mochila, además de sus enseres, invito a cargar con una piedra de un cierto peso. Esta piedra es una representación de la culpa, ahora en formato sólido, con dimensiones físicas, con su propio tacto y adecuado peso. En ella deben escribir unas frases alusivas a sus creencias.

En el tránsito del camino, y a medida que el caminante progresa, esta carga se va haciendo más liviana (o más gravosa), hasta que finalmente puede ser depositada a las puertas la catedral de Santiago. Es toda una metáfora de expiación y de liberación.

La oveja negra, es un elemento de tensión (una bola de billar en movimiento) en el sistema familiar (frente a bolas que se niegan a desplazarse). Señalada por su inadecuación, es sentenciada a la separación y expulsión.

Aunque hay ovejas negras y ovejas negras.

Algunas son desterradas por su probable adicción a alguna sustancia (alcohol, heroína...) o por su marginalidad en el sistema social (los sin hogar). Es posible que en estos casos exista algún trastorno encubierto de la personalidad. Estaríamos hablando entonces de la existencia de cierto grado de patología mental.

Otras simplemente cuestionan el mito familiar y buscan un camino propio, convencidos de que pueden medrar. Son personas evolucionadoras.

Y por esta doble cualidad de las cosas de la vida, una oveja negra puede llegar a funcionar curiosamente como un elemento de apaciguamiento catártico (como una oveja blanca). Cuando esto ocurre, lo hacen influyendo y fomentando indirectamente el equilibrio familiar, al potenciar la fidelidad y la cohesión de identidad grupal.

La supuesta amenaza de destrucción es pues conjurada por la unión y fuerza de los propios participantes, cuando es cuestionada por otro.

Un elefante desplazándose con la atención debida, protegiendo con mimo y cuidando las pertenencias, entre los límites de su cobertizo.

Recapitulando:

Hasta el momento hemos visto cómo se incuban y se nutren las creencias, consolidándose en estacas, y cómo estas de alguna forma encadenan y acaban amaestrando al elefante.

Ahora quizás deberíamos conceptualizar a la estaca y definir sus atributos.

La filosofía (antecedente y cuna de la psicología) con la fuerza de unas raíces que penetran en su historia ancestral, ya incursionó en estas cuestiones. Cito una de las más próximas en el tiempo:

"Creencias son todas aquellas cosas con que absolutamente contamos, aunque no pensemos en ellas. De puro estar seguro de que existen y de que son según creemos, no nos hacemos cuestión de ellas, sino que automáticamente nos comportamos teniéndolas en cuenta".

Ortega y Gasset

Una creencia es una afirmación personal (una idea), sea esta tragada o no, y que se considera verdadera. El contenido de las creencias suele referirse a uno mismo, al mundo físico y a la relación con los demás.

Un término del que nos valemos en psicología para intentar una definición de un fenómeno en cuestión es el de constructo. El constructo es una forma de explicar teóricamente un proceso o fenómeno. Las creencias y el sistema que estas constituyen son un constructo, y por ello precisamos que el conjunto de las creencias de un sujeto se organiza en sistemas. Estos sistemas de creencias

* son de carácter interno y propio,

* no se cimentan en partes racionales y conscientes,

* operan siempre bajo la misma premisa: actuar como si la creencia fuese una verdad incuestionable.

Habitualmente no somos conscientes, por suerte, de lo que estamos pensando. Imagínese por un momento que todos viviésemos un continuo pensar en qué pensamos. Sería un tormento mental.

Tener en la consciencia lo que pensamos es una meta-cognición. Este proceso de toma de conciencia o *darse cuenta,* puede educarse o entrenarse con la atención plena (*mindfulness*) u otro tipo de técnicas. Serán unos recursos estupendos donde poder apoyarnos para intentar cambiar las ideas o creencias erróneas.

El conjunto de nuestro sistema de creencias está organizado en un todo aparentemente coherente y cognitivamente consistente, de tal forma que acaba constituyéndose como nuestro modelo del mundo.

Y tan interiorizados están estos sistemas que acaban funcionando a nivel inconsciente, de tal forma que las creencias no son ideas que *tenemos,* son más bien las ideas que *somos.*

Cuestionar una creencia desestabiliza todas aquellas que se derivan o están relacionadas con ella. Esta es la razón por la que somos tan reacios a modificarlas.

Permítame que para rematar concluya con el horóscopo. Gran parte de la población defiende su existencia y su capacidad profética. Posee sin duda una gran historia y se acompaña de una incierta trayectoria. El horóscopo funciona como todo un señuelo de creencias:

- Es probable que los vientos del destino hoy no le sean favorables. ¡Abríguese!

- Alguien que viene del pasado tenderá a llamar a su puerta.

- La pareja le reclama, enfatice sus prioridades.

- Es un día favorable, apréstese a rematar sus proyectos.

Creo, luego pienso

Carlo María Cipolla, economista e historiador italiano, publica su primer ensayo, *Teoría de la estupidez*, en 1988. En esta obra ya defiende el gran valor intrínseco de la estupidez humana. Va desglosando algunas de sus leyes fundamentales:

1. La estupidez humana es independiente de otras características y potencialidades propias.
2. Solemos subestimar la cantidad de estúpidos que hay en el mundo.
3. Los estúpidos son individuos impredecibles dotados de un alto potencial destructivo.

Lo más curioso del asunto, e incluso hasta manifiesto, es que nuestras capacidades humanas, tan flexibles y variopintas, están repartidas generosamente y de forma proporcionada entre la población. Sin embargo, hay un predominio notorio de lo estúpido.

Nuestro cerebro es una obra de la naturaleza incomparable y su modelo se replica en cada ser humano. Potencialmente tenemos todos la misma predisposición a desarrollar sus atributos. El pensamiento inductivo o deductivo, la imaginación, la proyección en el tiempo, la autoconsciencia... son parte y producto de este órgano biológico y de delicada construcción.

Su reconocible forma (plegado sobre sus circunvoluciones), su curiosa arquitectura (de incontables conexiones neuronales), pudiesen ser elementos que podrían ser definidos como *hardware,* es decir, las partes físicas y tangibles de un ordenador. Nuestro ordenador. Nuestro cerebro.

El pensamiento complejo como producto final pudiese ser comparado al resultado del funcionamiento de un *software* (conjunto de programas y aplicaciones). Y como todo programa informático es susceptible de presentar ciertas aberraciones, y entendemos que esto no implica en principio, un mal funcionamiento de nuestra mente, sino vicios secundarios al procesamiento de la propia información. El conocido ChatGPT (modelo representativo de la inteligencia artificial) presenta también similares efectos y resultados.

Tenemos un cerebro potente y práctico (casi mágico), dotado de ilimitados recursos.

Versátil como es, también tiene capacidad para ser un constructor sesudo de osadas imaginaciones o evidentes fantasías. Aquellos creativos generadores de contenidos saben de lo que hablamos. La música, el cine, la literatura deben mucho a esta capacidad humana de la imaginación y la fantasía. Hasta una de las tradiciones orales más longevas, que es contar cuentos, tienen su origen en esta facultad humana.

Ahora bien, toda esta potencia y esta capacidad cambiante de creación puede convertirse en intensa amargura. Todo en la vida tiene una doble cualidad, y esto se repite y plasma en la vida una y otra vez. Y la parte oscura de nuestra mente (afectada por la psicosis o por un trastorno mental grave del tipo esquizofrenia) puede hacer de la fantasía y la imaginación la más cruel de las mentiras. A través de las alucinaciones y el delirio, puede contribuir a arrojarnos al espanto más absoluto e incluso encarcelarnos en un mundo de perverso sufrimiento.

Nuestro cerebro es magnífico en todas sus dimensiones, hasta en sus fallos viciados de procesamiento e incluso en los fallos espontáneos. Podemos decir que los humanos somos recolectores consumados de desviaciones del pensamiento y de extravíos involuntarios (*software*).

Fallamos en nuestro pensamiento, y mucho.

Somos así de... ¿estúpidos?

Los mapas mentales

Hace unos años, mientras conducía hacia un destino fijo, en un trayecto de cuatrocientos y pico de kilómetros, decidí poner en duda mi antiguo conocimiento de la ruta. Incorporé entonces mi destino prefijado al navegador (un TomTom de la época), y me encomendé al mismo. Descorazonadora decisión.

El trayecto se convirtió en un continuo de carreteras co-marcales y pequeños pueblos que tuve que atravesar, salpicados en el paisaje. El tiempo se hizo infinito en su finitud y los kilómetros se prolongaban más allá del asfalto. Mi atención al volante subió algunos enteros, lo mismo que los decibelios de la música que me acompañaba. Incluso en uno de los pueblos me sentí obligado a girar en una rotonda que me facilitaba continuar por la misma calle, ahora en dirección contraria. Era un absurdo, sí. Toda una rotonda ubicada sin aparente sentido, situada al final de una sola calle.

Y todo ello, por seguir unas indicaciones trasnochadas del navegador del coche. Estaba claro que el programa sabía llevarme al destino y me iba acompañando fielmente en la ruta. No puedo decir que me extravió, esto sería faltar a la realidad.

¿Qué había pasado entonces? En el razonamiento llegué a la conclusión de que el *software* se había quedado anticuado. No lo había actualizado. Y por supuesto, no se habían incorporado las nuevas rutas abiertas o modificadas desde aquel entonces, entre ellas un trecho de una más que directa y confortable autovía de unos cien kilómetros.

Es posible que usted haya vivido situaciones similares.

Creemos conocer el mapa y luego terminamos extraviados en el territorio.

A la sombra de la psicología humanista de los años 70 del siglo pasado, surgió un movimiento que fue la PNL (programación neurolingüística). Es un enfoque que se centra en la interrelación entre la mente (neuro), el lenguaje (lingüística) y los patrones de conducta aprendidos (programación).

Uno de sus principios básicos es esta premisa: "el mapa no es el territorio". Se entiende por ello que cada persona tiene una particular percepción del mundo, basada en su propia cultura, las propias experiencias vividas y sus propias creencias.

Esta distinción entre mapa y territorio proviene en su origen de Alfred Korzybski. Su aportación acabará siendo asumida por otras disciplinas psicológicas, entre ellas la PNL. Korzybski, matemático y filósofo polaco (muerto en 1950), en esencia viene a decir que el hombre no puede experimentar el mundo de forma directa, y lo canaliza través de sus sentidos y de su mente. Nuestros sentidos y nuestra mente presentan a su vez una pobreza perceptiva notable, por lo que, para suplir estas deficiencias, el hombre asume el mundo y su realidad física por medio de abstracciones (por el pensamiento o por la imaginación). Por ello la comprensión de lo que sucede está en ocasiones muy deformado.

Recordemos que por medio de nuestros sentidos (vista, oído, olfato, tacto...) es como percibimos el mundo. Los estímulos sensoriales, sean cual sean, son advertidos por nuestro cerebro, y allí se traducen y se interpretan, hasta recrear una imagen de la realidad. La construcción interna de esta imagen de la realidad la consolidan el conjunto de experiencias previas, creencias y el marco de referencia que el sujeto posea.

La concepción teórica o la idea que se tiene sobre algo en concreto del mundo es una cosa, y otra muy diferente es cómo este algo se corresponde con la realidad. El impacto de lo real puede a veces ser descorazonadoramente cruel.

En cuanto a los términos como tal, por territorio entendemos o hacemos referencia al mundo exterior, la realidad tal cual existe y es. Por mapa entendemos nuestra representación mental del mundo (deformado, incompleto e influido por nuestros sesgos y creencias).

Recordemos que no vemos las cosas como son, sino como somos, y que un navegador es un mapa de bits en un aparato cuya alma de máquina (objetivo y neutro en cuanto a sus decisiones), a menos que esté plenamente operativo (actualizado su territorio), tomará decisiones que podrían llegar a ser para nosotros desafortunadas. De la misma forma nuestro sistema de creencias se va configurando como un navegador (mapa), y va a ir imponiendo y moldeando nuestras decisiones en el territorio de la vida.

El sistema de creencias le sirve al sujeto como guía para orientar sus acciones. Es verdaderamente una herramienta útil. No importa que la aplicación en su funcionamiento tenga la capacidad para generar tanto creencias falsas como creencias verdaderas.

Incapaces como somos de mantener simultáneamente una idea y la contraria, por efecto de la disonancia cognitiva (más adelante trataremos sobre ella), nos centramos tan solo en una. Que dicha idea o creencia sea verdadera o falsa es secundario. Por el simple acto de elegir ya se considera que una creencia es indiscutiblemente cierta.

Nuestras creencias y juicios sí importan, influyen en la manera como nos sentimos y como actuamos.

La mayoría de los elefantes mantendrán algunas o muchas de sus creencias inalterables a lo largo de los años: sobre la educación de sus hijos, sobre el sexo, sobre el trabajo o el dinero... Pensamos, sentimos y actuamos de acuerdo con su mandato. Bajo el influjo de estas creencias tan propias, automatizamos respuestas, revivimos una y otra vez los mismos sentimientos y acabamos repitiendo las mismas conductas.

Como mucho, algunos elefantes podrán quejarse de su fracaso o lo mal que les va en la vida. Y siempre podrán argumentar (es todo un clásico) sobre lo difícil que fue su infancia o sobre la mala influencia de sus padres.

Otros, empero, posibilitan el medio para seguir medrando, enfrentándose con los obstáculos o las dificultades de la vida, cuestionándose, buscando otras estrategias, rectificando lo fallido. Bajo su propio compromiso, bajo su propia responsabilidad.

El *software* actualizándose.

Las creencias irracionales

Este caso no proviene de mi consulta, lo tomo prestado para la ocasión.

Un fumador empedernido de edad madura decidió buscar ayuda para deshabituarse de su adicción. Tras múltiples intentos fallidos utilizando diversas terapias (sustitutos de la nicotina, deshabituación conductual, hipnosis...), acabó recalando en terapia. Lo explicó sencillamente: "Parece que todos los métodos para dejar de fumar no funcionan conmigo". Pareciese que se mostraba orgulloso de ello.

Tras varias sesiones, apareció una creencia profunda, relacionada con su abuelo. Este abuelo fue una figura afectiva muy importante en su infancia. Su abuelo siempre fumaba y argumentaba que "mientras un hombre fumase ningún sufrimiento le quitaría su hombría".

La creencia es una certeza, por muy irreal o irracional que sea. Es una verdad considerada evidente por sí misma. Y somos esclavos de ella: sentimos lo que pensamos.

Este hombre bajo el mandato de su creencia no podía ni debía dejar de fumar. Cesar en su tabaquismo abría puertas aterradoras: perdería su hombría frente al sufrimiento. Su valor, su resolución y su integridad dependían de ello. Ningún método de deshabituación funcionaría en este caso, salvo que se trabajase esa creencia profunda.

En nuestro manual del mundo, las creencias abundan notoriamente. Algunas son netamente racionales y otras totalmente irracionales. Hay creencias que nos suman y otras que nos restan.

El doctor Albert Ellis es considerado por muchos como el padre de las terapias cognitivas (la segunda fuerza de la psicología). Su enfoque es la terapia racional y surge en el año 1955. Destaca su influencia en el campo de la terapia de forma notoria, pues consigue integrar por primera vez pensamiento, emoción y conducta. En la actualidad su denominación es la terapia racional emotiva.

En su argumentación considera la existencia de unas creencias de carácter irracional y otras de carácter racional. Las creencias racionales suelen ser más dúctiles, permiten un pensamiento más flexible y una conducta más adaptativa ante la presencia de acontecimientos vitales o compromisos difíciles. Estas creencias suelen ser consideradas por el sujeto como más flexibles y tolerantes en cuanto a las conclusiones acerca de su propia conducta. Suelen permitir la expresión de deseos y preferencias personales, y también la aceptación de que el mundo y las condiciones de la vida son abiertamente complejas, con elementos y variables que pueden tornarse en circunstancias buenas, malas e incluso neutras.

Cuando con mis veinticinco años me divorcié, me desvinculé también de la licenciatura de Medicina, no me pertenecía. Ese no era mi camino. Empezaba a cuestionar seriamente muchas de mis creencias internas.

Fui desprendiéndome de espinas. Alguno años después formalicé mi matricula e inicié mi camino en la UNED en la licenciatura de Psicología Clínica.

Creo que fueron un cúmulo de razones diversas las que me llevaron a orientarme hacia la psicología, entre ellas una búsqueda interna en un intento más cercano por comprenderme. Muchos de los estudiantes de Psicología la cursan en un intento legítimo de exploración propia.

Convalidando mi trabajo de enfermero con los estudios, de forma lenta, aunque persistente, concluí mi licenciatura en la UNED. Alcancé una cima que consideraba que me pertenecía.

La creencia no puede apreciarse desde fuera, no puede objetivarse, tan solo se infiere por lo que el sujeto dice o por cómo actúa. Lo usual en el guion es que varias creencias estén entrelazadas en una relación.

En mi caso se conectaban estrechamente el respeto a la figura de mi padre (la autoridad), con el cariño hacia el mismo (el vínculo afectivo), con el deseo de cumplir la directriz (la obediencia), con el orgullo de validarme como hijo (la soberbia) y la absoluta renuncia a cualquier deseo personal propio (mi sacrificio).

Por suerte, el trasfondo de estas creencias era de carácter racional. Esto me permitió flexibilizar los mandatos internos propios y poder readaptar mi camino. Y facilitó el que pudiese iniciar los estudios de Psicología.

En contraposición a estas creencias, concurren las denominadas *creencias irracionales*. Este tipo de creencias parecen ser absolutistas, rígidas y suelen expresarse en demandas del tipo "debo", "tengo que", "no puedo", "nunca"...

Este tipo de creencias suelen desencadenar emociones inapropiadas, además de conductas estrictas del tipo:

- La búsqueda de un culpable: "la culpa es tuya, exclusivamente tuya, yo no debo ni tengo que cuestionarme nada sobre lo ocurrido".

- Los mandatos internos: "estoy obligado a ser exitoso y debo esforzarme más, todavía más, aunque me rompa por el camino".

Sus consecuencias son la baja tolerancia a la frustración, conductas autosaboteadoras (retirarse, beber...) y la persistencia de pensamientos de baja autoestima (autocrítica personal).

Listado de las 12 creencias irracionales de Ellis

1. Uno debe tener el amor o la aprobación de todas las personas que le resultan significativas.

2. La gente debe absolutamente actuar honrada y consideradamente, y si no lo hacen, deben ser considerados malos y/o despreciables, y ser culpados y condenados.

3. La idea de que es tremendo y catastrófico el hecho de que las cosas no vayan por el camino que a uno le gustaría que fuesen.

4. La idea de que el sufrimiento y la desgracia humana son originados inevitablemente por causas externas, o por eventos extraños de mala suerte; y que la gente tiene poca capacidad, o ninguna, de controlar sus penas y perturbaciones.

5. Frente a algo que es, o podría llegar a ser, peligroso o aterrador, deberíamos preocuparnos seriamente y estar permanentemente atentos a la posibilidad de que ocurra.

6. La idea de que es más fácil evitar que afrontar (o uno no puede enfrentar) ciertas responsabilidades y dificultades en la vida.

7. Uno debería absolutamente tener algo más grande o fuerte que uno mismo en lo cual apoyarse y/o protegerse, o uno debe ser completamente dependiente de los otros y necesitarlos, y uno no puede solo conducir su propia vida.

8. Uno debería sentirse valioso, siempre y cuando sea competente, eficiente, inteligente, adecuado y ambicioso en todos los aspectos.

9. La idea de que, si algo nos afectó considerablemente, permanecerá haciéndolo durante toda nuestra vida, o

la idea de que la historia pasada de uno es un determinante decisivo de la conducta actual, y que algo que ocurrió alguna vez y le conmocionó debe seguir afectándole indefinidamente.

10. La idea de que los demás no deberían actuar de la manera en que lo hacen y que usted debería cambiarlos; o la idea de que debemos tener un control preciso y perfecto sobre las cosas.

11. La idea de que la mayor felicidad humana es alcanzable mediante la inercia y la inacción (inactividad).

12. Cada problema humano tiene una única solución absolutamente correcta y perfecta. Además, debemos tener un control preciso sobre las cosas; o bien, invariablemente, existe una correcta, precisa y perfecta solución para los problemas humanos, y es tremendo si no se puede encontrar.

Decíamos que el doctor Albert Ellis fue el primero en integrar las emociones en el entorno y el enfoque de la terapia. Gracias a su aportación, la psicología fue progresando en este ámbito. Se estaban generando los cimientos de lo que sería la denominada *tercera fuerza de la psicología* (el humanismo).

Hoy sabemos que una emoción por sí sola posee la capacidad de despertar un tipo de pensamiento determinado. También funciona a la inversa: un determinado pensamiento tiene la capacidad de llamar a una emoción concreta. Así mismo, conocemos que en un grupo de personas coexiste lo que se denomina ambiente emocional. Piense en el ambiente que se respira en su grupo de trabajo, o bien en su grupo de amigos, o por último, en su familia.

Vamos a ahondar un poco más. Aventuramos que la familia a través del mito familiar creaba su propia cultura e identidad, y que configuraba un modelo de comunicación propio, y por supuesto también, y esto es importante, un clima emocional propio.

El clima familiar es una definición de las emociones que se viven, que se perciben y que impregnan de forma dominante a todo un grupo familiar (o grupo laboral o grupo social). Y este clima emocional determinará un estilo de comunicación particular y propio, que podemos evidenciar por la forma en que se hablan y cómo se lo dicen unos a otros. Se forjarán diferentes estilos:

• Hostil: directivo, con tonos imperativos, con abundancia de órdenes.

• Cálido: con empatía, orientado a la gestión y solución de conflictos.

• Sobreimplicación: sobreprotector, anticipa y satisface las demandas del otro, hay una continua anulación emocional del otro.

Este formato de comunicación emocional moldeará nuestra conducta en el futuro, hasta consolidar en nosotros la capacidad de replicarla. Y actuará de fijador sobre determinados tipos de creencias, fomentando estilos concretos de pensamiento (depresivo, ansioso...).

La depresión y la ansiedad se aprenden en el núcleo familiar. Convivimos en familia interiorizando estos patrones de pensamiento y su especial impregnación emocional. Y aparecerán en el horizonte de nuestra vida cuando el devenir nos enfrente a los desencuentros. Y lo haremos asumiendo actitudes de tipo depresivo, o quizás de tipo ansioso, o tal vez de tipo optimista (afrontador).

Es importante diferenciar estos patrones depresivos o ansiosos de un diagnóstico como una depresión mayor o de un episodio ansioso. Estos últimos entran en el espectro de un trastorno del estado de ánimo que afecta de manera adversa a quien lo padece. Se considera una enfermedad con una alteración marcada de los neurotransmisores cerebrales.

Un estilo de pensamiento de tipo ansioso o de tipo depresivo tienen en común un discurso mental característico de carácter autosaboteador y de sesgo pesimista, encuadrado en unas creencias rígidas y limitantes. Este estilo de pensamiento mantenido en el tiempo acabará generando una probable crisis de ansiedad, o una crisis de pánico, o un episodio depresivo... Una vez instaurada esta clínica y esta sintomatología, es necesaria la asistencia a recursos profesionales externos (médico, psiquiatra, psicofármacos).

En la consulta suelen ser habitual encontrárselos. Todos tienen su acostumbrado discurso mental y un patrón común: "Esto me supera"; "No tengo ninguna posibilidad de..."; "Todo me sale mal"; "Renuncio, ¿para qué seguir?"; "Abandono".

Un elefante atado a su estaca.

Un elefante desesperanzadoramente enfermo.

Viciado en su pensamiento y que se ahoga en una realidad descorazonadora.

Y que se siente obligado a repetirse, una y otra vez.

Los errores cognitivos (sesgos)

Permítame un pequeño cuento tradicional indio para la ocasión.

Érase una vez cinco hombres sabios que acabaron reuniéndose un día en una aldea. Fueron llamados por su sapiencia y su virtud. Lo curioso de los sabios era que los cinco eran ciegos. El motivo de la reunión era analizar y saber qué hacer con un elefante que uno de los aldeanos había capturado. Como no podían ver, utilizaron su otra facultad sensitiva: el tacto.

El primero palpó una de las orejas del elefante. Fue deslizando su mano hacia delante y hacia atrás.

—¡Es cómo un gran abanico! —exclamó.

El segundo, tanteando las patas del elefante, matizó:
—Es como un árbol.
—Estáis equivocados —dijo el tercero, mientras palpaba la cola—. Es como una soga.
El cuarto lo interrumpió:
—No, no, es como un muro alto (había estado palpando su costado).
El quinto, con su mano en contacto con la trompa, argumentó:
—Es como una serpiente.
Como no parecían ponerse de acuerdo, entraron a debate. Cada uno quería imponer su razón objetiva, puesto que la habían delimitado y palpado.
Fueron pasando las horas. Llegó el cansancio y el frío de la noche. Fatigados, se rindieron. Al día siguiente, iniciaron su regreso a casa sin haber alcanzado un mínimo compromiso.

Nuestros sabios del cuento no erraban, cada uno ponía su verdad tangible. Quizás podamos argumentar que lo que ocurría era que existía un exceso de verdades contrastadas entre estos sabios, y que lo que hacían era confundir más que conducir, hacia una conclusión más o menos acertada.

Nuestros sabios ponían su verdad y, fundamentada en esa verdad, encajaban su decisión. Como esta verdad era diferente para cada uno, las decisiones que se argumentaban llegaban a ser incluso contradictorias. Tanto malestar emocional causaba mantenerse en esta incoherencia que no acababan de resolver, que decidieron darse por vencidos y marcharse.

En términos psicológicos, diríamos que nuestros sabios se encontraban en disonancia cognitiva. Entendemos por disonancia cognitiva la tensión psíquica que el sujeto vive de una forma interna y desasosegante. Esta inquietud está generada por un conflicto del pensamiento y que inmoviliza al sujeto en su toma de decisiones. El núcleo del conflicto está generalmente basado en opuestos, induciendo a elegir entre dos pensamientos contrarios o antagónicos (votar a favor o en contra) o emociones (reír o llorar).

Esta sensación de intensa molestia y tensión interna sucede cuando alguien percibe nítidamente que su conducta y sus creencias no muestran coherencia.

León Festinger, psicólogo, fue quien en 1957 introdujo el término y su concepto teórico. Utiliza la disonancia cognitiva para explicar cómo, frente a una incongruencia o una inconsistencia en el sistema de creencias, el sujeto se esfuerza para reducir esta tensión, generando nuevas alternativas de creencias o actitudes. Estas nuevas creencias y valores permiten que el sistema de creencias se consolide en una renovada base de aparente coherencia.

Sirva de ejemplo: una persona con unas creencias morales y religiosas sólidamente inculcadas en su infancia, enfrentada a una noticia o vídeo sobre la guerra de Ucrania o la guerra de Gaza, sentiría malestar psíquico y rechazaría la mera posibilidad de su probable existencia. "Dios es bondad y no permite la existencia del mal como las guerras y la muerte".

Como la realidad es la que es, con el paso del tiempo esta misma persona acabará aceptando la existencia de estos conflictos y reducirá su tensión interna con respecto a ese pensamiento polarizado, introduciendo una nueva creencia, pongamos por caso, la Iglesia. "Si la propia Iglesia se ve amenazada, está justificado entrar en guerra para defenderla, y esto Dios lo bendice".

Festinger llegó a estudiar experimentalmente este concepto a través de grupos de voluntarios y obtuvo hallazgos muy interesantes. Uno de los más llamativos fue que poseemos la capacidad de autoengañarnos. Manipulamos las veces que sean necesarias nuestras creencias, y recortamos o ampliamos nuestras propias ideas, hasta hacer que encajen entre sí mostrándose congruentes.

Recordemos que argumentábamos que el sistema de creencias es interno y propio, y que no se fundamenta en posiciones racionales. Una vez concluida la automanipulación, podemos llegar a convencernos de que la disonancia no tenía razón de ser. El autoengaño puesto al servicio del bienestar propio.

Es muy común considerar que los seres humanos, por su característico cerebro y por su singular capacidad de razonamiento, nos movemos por la vida de una forma racional. Sin embargo, muchas de nuestras decisiones son o acaban siendo irreflexivas y con un marcado componente irracional. Es difícil encajar esto, salvo que podamos darnos la oportunidad de ser falibles.

Nuestra habilidad para procesar información es de hecho muy limitada cuando se compara con la complejidad de la información a la que estamos expuestos. Por tanto, discurrimos todo tipo de estrategias para reducir las tareas de procesamiento, y la entrada de información es sometida a leyes y procesos como la simplificación o la selección.

La presencia de un exceso de información (a veces incluso contradictoria) no nos ayuda a alcanzar una conclusión. Necesitamos de variables informativas que muestren un cierto nexo para poder operar en el conjunto del pensamiento, aunque esto nos invite a orillar determinadas fuentes o incluso llegar a suprimirlas.

Estamos hablando de hacer pequeñas y disimuladas trampas.

Estamos hablando de un acto voluntario de nuestro pensamiento, ejecutado con un sentido habilidoso y con fines prácticos.

Lo curioso es que este proceso tramposo del pensamiento existe como tal y suele darse de forma cotidiana (aunque siempre operando de una forma automática e inconsciente). Y ocurre con mucha más frecuencia de lo que suponemos. Hablamos de los errores cognitivos o de sesgos.

Lo que se conoce en psicología como errores cognitivos (Sesgos) son errores sistemáticos en el proceso de información (Beck, 1983).

Nuestro encéfalo (cerebro) tiene una capacidad asombrosa de cognición: pensamiento lógico–deductivo, pensamiento inductivo, pensamiento relacional, pensamiento anticipatorio... Aunque es notablemente certero en sus funciones, suprime de forma deliberada determinadas variables informativas para poder llegar a una conclusión.

Además de esta economía de la información, en el desarrollo del procesamiento mental también se utilizan abundantemente los esquemas mentales (aquellos basados en ideas y creencias) y las reglas heurísticas (aquellas basadas en el uso de la simpleza para encontrar la relación).

Un heurístico es una manera de buscar la solución de un problema mediante métodos escuetos. En el heurístico se utilizan reglas y estrategias cognitivas muy sencillas para dar con una solución de forma rápida. Es todo un atajo mental.

Un estereotipo se fundamenta en un heurístico. El estereotipo es una imagen mental muy reducida, que engloba a un colectivo que comparte ciertos rasgos o conductas características. Normalmente suelen tener un carácter peyorativo.

Estereotipos
· Los españoles son juerguistas y poco trabajadores.
· Los políticos son corruptos.
· Los gitanos son ladrones.
· Las rubias son tontas.

Los estereotipos son ideas que a veces pueden llegar a confundirse con los prejuicios, y que suelen consolidarse como creencias. Sin embargo, en el prejuicio hay un juicio o valoración de carácter generalmente negativo.

Los prejuicios y los estereotipos son la base de las actitudes discriminatorias que dificultan la convivencia social. Se ha demostrado que el prejuicio generalizado es una tendencia a responder de manera hostil hacia cualquier grupo diferente del propio.

El prejuicio es un procesamiento mental anómalo basado también en un heurístico. Suele ser considerado como una distorsión cognitiva y opera habitualmente de forma inconsciente.

El prejuicio consiste en una evaluación preconcebida de signo desfavorable, basado en unas características percibidas y diferenciadoras. Por ejemplo, los rasgos físicos (como la belleza, la altura, el peso...), o el sexo (hombres, mujeres, maricones...), quizás la raza (indios, negros, amarillos...), o la presencia de alguna deformación física (la falta de un miembro, enanismo...).

Hay muchas teorías y debate alrededor del prejuicio en la psicología social. Cito, por ejemplo, la denominada *teoría psicoanalítica de la personalidad autoritaria* (1950). Esta teoría postula que este tipo de individuos se desarrollan en familias con estilos de crianza punitivos, represivos y autoritarios.

Por otro lado, se han acometido en los últimos años abundantes estudios de campo en la psicología social, que se enfocan en distinguir cuáles son las variables mediadoras presentes en las dificultades de la convivencia grupal. Los abultados resultados parece que han conseguido acotar dos conceptos (2007):

- El autoritarismo del ala de derechas. Viene definido como un rasgo de personalidad que integra tres actitudes:

  - Sumisión autoritaria: es la tendencia a someterse a la autoridad percibida como legítima.
  - Agresión autoritaria: es la tendencia a la hostilidad hacia personas y grupos que se consideren como amenazas potenciales.
  - Convencionalismo: es la tendencia a aceptar los valores y las normas sociales.

- La orientación a la dominancia social. Viene definido como un rasgo de personalidad que responde con una actitud de respeto al orden y a la jerarquía social, y que justifica la subordinación de otros grupos percibidos como inferiores.

"Es más fácil desintegrar un átomo que un prejuicio"

Albert Einstein

Todas estas singularidades se engloban en lo que denominamos *errores de la cognición*.

Los errores o sesgos cognitivos son distorsiones mentales o deslices que ejecutamos en nuestro proceso de razonamiento. Vienen cocinados por nuestros estereotipos y prejuicios, acompañados siempre por nuestros disfuncionales esquemas mentales y salpimentados por algún que otro heurístico.

Desde la psicología, tenemos unos cuantos errores cognitivos ya identificados y descritos. Suelen ser muy comunes, generalizados y reiterados. Y es que, en el proceso mental para alcanzar una solución, existe una serie de atajos de funcionamiento de características fijas y frecuentemente consolidadas.

Beck fue lo suficientemente perspicaz en sus apreciaciones como para percatarse, identificar y especificar algunas de estas anomalías del pensamiento. (ver cuadro pag. 77)

Y todo esto fusionándose con las creencias que tenemos y que somos, creencias que palpitan como marcos de referencia que determinan nuestra forma de ser y estar en el mundo.

Tan es así que muchos de estos sesgos mentales colaboran de forma estrecha, confirmando o validando nuestras creencias más íntimas.

DISTORSIONES COGNITIVAS	DESCRIPCIÓN
Filtraje o abstracción selectiva	Selección, en forma de visión de túnel, de un solo aspecto de una situación.
Pensamiento polarizado	Valoración de los acontecimientos en forma extrema sin tener en cuenta aspectos intermedios.
Sobregeneralización	Sacar de un hecho general una conclusión particular sin base suficiente. Si ocurre algo malo en una ocasión, se esperará que ocurra una y otra vez.
Interpretación de pensamiento	Interpretación sin base alguna los sentimientos e intenciones de los demás.
Visión catastrófica	Adelanto de los acontecimientos de modo catastrófico para los intereses personales.
Personalización	Hábito de relacionar los hechos del entorno con uno mismo, sin base suficiente.
Falacia de control	Las personas con esta distorsión suelen creerse responsables de todo lo que ocurre a su alrededor, o bien, en el otro extremo, se ven impotentes y sin que tengan ningún control sobre los acontecimientos de su vida.
Falacia de justicia	Costumbre de valorar como injusto todo aquello que no coincide con nuestros deseos y necesidades.

DISTORSIONES COGNITIVAS	DESCRIPCIÓN
Razonamiento emocional	Tendencia a creer que lo que la persona siente emocionalmente es cierto necesariamente.
Falacia de cambio	Tendencia a considerar que son los otros quienes han de cambiar primero su conducta
Etiquetas globales	Generalización de una o dos cualidades de un juicio negativo global.
Culpabilidad	Atribución de la responsabilidad de los acontecimientos a sí mismo o a los demás, sin base suficiente y sin tener en cuenta otros factores que contribuyen al desarrollo de los acontecimientos.
Tener razón	Tendencia a probar de manera frecuente, ante un desacuerdo con otra persona, que el punto de vista de uno es el correcto.
Falacia de recompensa divina	Tendencia a no buscar solución a problemas y dificultades actuales, suponiendo que la situación mejorará mágicamente en el futuro.

*El recuadro proporciona las descripciones de las distorsiones cognitivas de Beck y Ruiz y Lujan 1991.

Nuevamente aparecen las estacas.

Inamovibles, firmes en la tierra.

Y nuevamente el elefante repitiéndose en su obrar.

Y nuevamente el elefante repitiéndose en su pensamiento.

Consumando sus errores mentales.

Rodeándose de otros similares.

Barritando al unísono.

Creando grupo.

Las atribuciones

Obvio, según la RAE, es aquello que se encuentra o pone delante de los ojos, o aquello que está muy claro.

En terapia, para huir de interpretaciones subjetivas solemos trabajar afianzados en lo obvio. Escucho lo que me está contando, intento no enjuiciar su discurso, y me consta porque es obvio, que cuando habla de su familia hay mucho dolor, no por lo que me está narrando, sino por su tono verbal que sufre un cambio, por sus ojos que se humedecen y por el habla, que se vuelve más íntima. El discurso que me expresa pudiese ser una fabulación mentirosa, los indicadores emocionales que le acompañan

79

son una realidad viva y obvia. A veces, invitamos a los participantes en terapia grupal a trabajar la situación: observo–interpreto–pienso.

"Observo… a alguien con un caminar errático, dificultoso. Su rostro se muestra contraído, su cabeza abatida… Interpreto que va sobrado de alcohol o de otra sustancia… Pienso que está pasando una mala racha".

Esta dinámica la usamos para invitar a los participantes a trabajar con la realidad, dando énfasis en el proceso a lo obvio. Con esto invitamos a cuestionar la rapidez con que solemos aplicar hechos o cualidades a algo o alguien.

Centrándonos en el ejemplo anterior, lo obvio es que su caminar es errático, dificultoso, y que hay otros indicadores corporales como el rostro contraído o su cabeza abatida. Lo que interpreto… es que hay una dificultad de coordinación motora. Lo que pienso… es que esto puede ser una consecuencia secundaria a un ictus, o que este hombre está caminando con un dolor intenso, o que ha sufrido un *shock* emocional (una separación, quizás una muerte), o que va dopado.

Curiosamente trabajar con lo obvio es el mismo proceso que suele seguir la policía en el tratamiento con los hallazgos de una escena del crimen. Esta pequeña argumentación sobre lo obvio me permite hacer hincapié sobre la espinosa diferenciación de lo individual y la interpretación subjetiva. Sigamos pues indagando al respecto.

La teoría de la atribución surge en la psicología social de la mano de Heider (1958). Esta teoría explica la forma en que percibimos las cosas e interpretamos lo percibido. Un mismo hecho o una misma conducta se puede interpretar de formas completamente diferentes.

Las atribuciones sobre causas no se realizan únicamente a partir de la información de la que disponemos. También influye nuestra particular perspectiva (creencias) y sesgos que incorporamos sobre el hecho y/o la conducta observada. Esto permite entender la variedad de distintas interpretaciones que ocurren en un determinado momento y contexto.

Es pues un proceso subjetivo, totalmente individual.

Nuestro cerebro en su funcionamiento elabora continuamente atribuciones (relaciona causas y efectos), como una forma de demostrar cierto grado de control sobre el mundo exterior.

Permítame ahora introducir un alegato a favor de un campo espinoso como es la medicina psicosomática. La psicosomática que forma parte de la medicina y de la psicología surge como reacción a las tendencias reduccionistas y mecanicistas de la medicina moderna. Es una orientación que insiste en considerar al paciente en su totalidad, atendiendo no solo a los datos meramente biológicos, sino también a su estado psicológico y sus circunstancias sociolaborales.

Muchas investigaciones han demostrado que los factores sociales y psicológicos pueden llegar a desempeñar un papel fundamental en la causa y el curso de distintas enfermedades físicas.

Los trastornos psicosomáticos serían pues aquellos procesos que se caracterizan por ser enfermedades donde no se puede identificar una causa orgánica clara y suficiente, y se evidencia una serie de factores psicológicos que podrían desempeñar un papel importante en la causa y el mantenimiento del curso de la enfermedad.

En el año 2020 sufrimos la pandemia del covid, con consecuencias imprevisibles: el mundo tal y como lo conocíamos se paró, las fronteras se cerraron y todos fuimos invitados a vivir en burbujas físicas de aislamiento.

Desde una perspectiva psicosomática, sobre el ambiente flotaba una sensación asfixiante de angustia, una angustia vital que se consolidaba en función de diferentes procesos:

- Un proceso de muerte (miles de muertos por la enfermedad que nos azotaba).

- Un proceso económico (cómo generar dinero para la subsistencia y poder pagar las deudas).

- Un proceso de incertidumbre (el mundo, la vida ya ha dejado de ser predecible).

El verdaderamente dañino, aun siendo los tres perniciosos, era este último, basado en la polaridad controlabilidad / incontrolabilidad. Nuestra mente necesita entender el entorno y predecirlo, precisa de un cierto sentido de control para sentirse con un mínimo de seguridad. Sin esta posibilidad predictiva (o atributiva), el cerebro humano sucumbe a la angustia de la emoción del miedo. El covid nos hirió en el sitio más íntimo y privado. Todo era desconocido: un virus nuevo, unas consecuencias nuevas, un escenario nuevo e impredecible. Nos quedamos entonces paralizados, en desesperanza, en indefensión.

Consiéntame ahora ahondar un poco más en este último término. *La indefensión aprendida* (como fenómeno atributivo) fue un término acuñado inicialmente por Martin Seligman, psicólogo norteamericano (1967), cuando en su investigación sometía a unos perros a descargas eléctricas sin posibilidad de escape. Concluyó en su estudio que la atribución de que nada de lo que hicieran los perros les ayudaba a evitar esas descargas los llevaba a una conducta de desesperanza y de sometimiento.

Los resultados demostraban una pasividad inusual en los perros, que renunciaban a escapar a las descargas. Todos mostraban alteraciones emocionales. Este estado emocional fue bautizado con el nombre de indefensión aprendida. Se han encontrado reacciones similares en otras especies, incluido el hombre.

La indefensión aprendida tiene consecuencias en tres áreas importantes de las personas afectadas:

- En lo motivacional: presentan pasividad y ausencia de motivación para actuar frente a distintas situaciones.

- En lo cognitivo: presentan la creencia de que los acontecimientos seguirán siendo incontrolables en el futuro ("haga lo que haga").

- En lo emocional: presentan un incremento de la ansiedad y un estado de ánimo depresivo.

La pandemia del covid generó una gran secuela emocional en la población. La depresión, los cuadros ansiosos o el trastorno de adaptación hicieron su aparición en escena. Los psicofármacos fueron al alza. La solicitud de atención psicológica desbordó los recursos del sistema.

La propia génesis de la vida se expresó a través de este nuevo virus, abandonándonos a un humilde y mísero lugar lleno de miedo y confusión. Este diminuto virus vino a bosquejar en nosotros todo un guion de indefensión aprendida.

Quizás ahora lo entienda.

Hay un elefante amarrado.

Un elefante amarrado, girando una y otra vez alrededor de la estaca.

Triste, taciturno, lleno de miedos y sin posibilidad real de escapar.

O eso, al menos, le dice su mente.

Una teoría del mundo

Todos tenemos una teoría del mundo, que se afinca en nuestra mente.

Metafóricamente nuestra mente es como un ordenador, un procesador de alta capacidad, flexible, potente, con posibilidad de operar a varios niveles, con una funcionalidad de ejecución capaz de generar esquemas y relacionar atributos en elaborada síntesis. Ante todo, y en virtud de este potencial, lo primero que hace es generar una imagen de nuestro mundo exterior. Y está en nuestra mente.

Nunca vemos el mundo tal cual, sino nuestra imagen (modelo mental) de ese mundo.

La psicología cognitiva lleva mucho tiempo investigando este modelo teórico de la teoría de la mente. Esta teoría de la mente permite comprender la habilidad de las personas para creer, pensar o imaginar, predecir e interpretar en términos de modelos mentales. Los modelos mentales son representaciones internas, personales, idiosincráticas, incompletas y básicamente funcionales.

Esta teoría parece explicar esto, en la medida en que muestra que la mente opera como un computador, y trabaja con proposiciones mentales, modelos mentales e imágenes mentales. El sujeto no se relaciona con la realidad, sino con la representación (mental) que de ella se hace. Somos presa así de nuestra configuración del mundo.

"La forma en que un individuo interpreta los eventos vitales afectará a sus emociones y sus conductas"

Kazdin, 2000.

Y tan es así que históricamente hemos confirmado con rotunda veracidad la presencia de lo maligno campando a sus anchas. La brujería ha sido considerada como algo real y, en función de esto, ha sido muy temida y perseguida. La caza de brujas implicaba que tanto jueces como acusados, así como víctimas, creían en la fuerza, la amenaza y el poder del demonio y de sus adeptos.

Lo que para nosotros es real va a depender de lo que nosotros creamos. La representación o construcción mental de la realidad bebe de las fuentes de las creencias, de nuestro interno sistema de creencias. Argumentábamos que estos sistemas de creencias están organizados por esquemas, y que estos esquemas son internos y propios, que no precisan de unos cimientos basados en la verdad ni en unos criterios racionales. Y quizás lo más destacado es que, a pesar de ello, estos sistemas de creencias actúan como verdades indiscutibles.

La configuración de mi mundo

Creencias populares: rituales mágicos de protección

Creencia popular
Sembrar a la entrada de las casas plantas de sábila, ruda o Santa María, las protege de los ladrones.
Colocar un trozo de madera en la puerta de la casa, junto a un ajo macho, un rosario y un hueso humano, la protegerá.
En general, tener el hueso de un difunto protege la asa y a la familia, sea dentro de la construcción o enterrado en el patio. La misma función la cumple la tierra del cementerio. Estos elementos hacen ruido y alejan a los ladrones cuando la casa está sola.
Al comprar un boleto de lotería santiguarse tres veces dará suerte.
Cuando se encentra dinero en la calle, hacer la señal de la cruz tres veces en el lugar augura un nuevo encuentro.
Cuando los comerciantes hacen su primera venta del día, deben santiguarse con el dinero recibido, así las ventas del día serán buenas.
Cuando en el cielo aparecen nubes negras anunciando lluvia, soplar tres veces al cielo los alejará.
Al pasar por una calle que da a una iglesia se debe agachar la cabeza y santiguarse.
Cuando se compra un vehículo se lo debe llevar a un sacerdote para que lo rocíe con agua bendita, esto protegerá al vehículo y a sus tripulantes.
Si una casa tiene muchos ruidos, se hace un círculo de sal y se reza dentro de él para pedir protección de los espíritus.

Creencia popular

Llevar una pata de conejo o la punta del rabo de un lobo son amuletos de protección contra los malos espíritus.

Una pulsera roja protege de las malas energías. Esta no debe faltar en la muñeca del recién nacido. También es común que la lleven en el cuello las crías de los animales de granja.

El anillo de acero protege de la brujería. Si este se rompe indica que la persona fue víctima de la misma.

El pelo de la crin del caballo se utiliza como pulsera para evitar el espanto.

Las mujeres pueden llevar un ajo macho en su cartera para evitar envidias.

Colocar una herradura en la puerta de entrada de la casa le dará buena fortuna a la familia.

Detrás de las ventanas se solía colocar un par de tijeras que impedían que los malos espíritus ingresasen.

Si la casa tiene malas energías se debe limpiar pasando un cuy negro y yerbas amargas, de manera especial en las esquinas de la casa, donde se esconden los espíritus.

Cuando se pase en un vehículo sobre las rieles del tren, se deben alzar los pies y pedir un deso.

*Estudio realizado en Riobamba (Ecuador). M. G. Sandoval, M. L. Villacrés, JL Plaza, M. A. López. Fuente: elaboración propia.

La creencia se torna una así una verdad subjetiva, una convicción, algo que el sujeto considera cierto, y que maquilla con la autenticidad de lo real. De esta forma, la criba de información del mundo exterior en función de unas creencias concretas y particulares acaba generando una teoría de la mente muy singular y subjetiva. Esto, a su vez, permite al sujeto concebir y mantener una narración muy personal de lo que sospecha que acontece en el mundo exterior. Sin pretenderlo, nos acaba informando del tipo de cultura a la que pertenece, e incluso podríamos llegar a estimaciones aproximadas de la forma de ser de esta persona en concreto. Quizás alguien que:

- Pertenece a una cultura madura y democrática.
- Está orientada a creencias esotéricas y abierta a nuevas experiencias.

Así pues, esta persona en cuestión asume una teoría del mundo con una representación mental muy particular de la realidad. A esta persona no le extraña ni le impacta lo que el investigador va a continuación a narrar, puesto que es una historia que se integra perfectamente en su modelo mental, y que aceptará como válida:

"En mi deambular por el recinto, ojeando un puesto tras otro, acabé encontrando a una chica joven, de no más de 28 años, que se anunciaba como "veterinaria sensitiva" y que afirmaba que poseía la capacidad de comunicarse con nuestras mascotas muertas. Y que esto lo realizaba a través de un canal al que accedía con tan solo una foto de nuestro animal. Y que tenía la potestad para preguntarle a nuestra mascota muerta cómo se sentía, y si tiene algún mensaje que enviarnos. Y todo ello a un precio módico de 15 euros".

El arte de vender mierda, de Fernando Cervera.

Esta historia obedece a una experiencia real. El autor la vivió en una feria de esoterismo que se celebró en Madrid allá por 2013. Y la narra en su libro, salpicado de múltiples anécdotas y lleno de osadía.

Las creencias son aceptadas como algo real, en la medida que conforman la existencia del ser humano y le sirven como fundamento para la vida. Permiten darle sentido a la realidad, sin necesidad de tener conocimientos ni fundamento científico alguno.

Alcanzamos así bajo estas premisas una imagen de la realidad que acaba justificando nuestras creencias. Nuestra verdad.

Una verdad que no acaba de ser una y única (una sola y única imagen del mundo). Al parecer existen muchas verdades, y lo curioso es que podemos convivir con todas ellas. Algunas en un cierto momento podrían entrar en colisión y generarán tensión en nosotros. Haremos por solventar esta tensión, y lo haremos desde diferentes estilos de afrontamiento y con desiguales soluciones. Unos tendrán mejores resultados que otros. Aunque, en realidad, lo importante es que estamos capacitados para navegar en este mundo de alternativas diferentes y ambiguas.

Salvo que, y permítame que se lo repita, salvo que usted intente imponer la más nítida de las verdades: la suya.

La fuerza de la estaca reside en la mente del elefante. En la imagen que se ha creado del mundo.

Los atributos grandiosos con los que el elefante ha ido engalanado la estaca están llenos de errores cognitivos y de creencias irracionales.

Todo se conjura para hacer más grande, más alta, más sólida la estaca.

Su teoría del mundo está llena de renuncia, de una apariencia de indefensión.

El elefante es así señalado como víctima de su mente.

Víctimas de nuestra mente, tal y como ilustra la siguiente historia:

> *Un perro encontró en un descampado un hueso, que estaba calcificado por llevar allí muchos meses. Empezó a roerlo frenéticamente. En ese intenso proceso de roer saltó una esquirla de hueso, que acabó haciéndole una herida en la encía. Comenzó a sangrar. El perro sentía en su boca la presencia de la sangre, además de ese peculiar sabor, y más contento se sentía. Su rabo se movía con satisfacción, pensando que estaba extrayendo al hueso una gran cantidad de esencia.*

> Cuento popular de la India

Recapitulando:

Como usted habrá notado, hemos estado llevando progresivamente nuestro foco de atención hacia la mente de los elefantes. Y lo hemos estado haciendo bajo la premisa de las diferencias.

Un elefante viene definido morfológicamente por unas características propias: unas orejas amplias, una trompa retráctil, unos colmillos desafiantes... Y aun siendo morfológicamente todos iguales, lo cierto es que entre un elefante y otro se aprecian diferencias. Poseen alturas diferentes, colmillos desiguales, sus caracteres difieren (algunos más agresivos en su respuesta), que van a dejar huella en los caminos de la vida, y que marcarán y producirán resultados desiguales.

Además, nos hemos ido centrando cada vez más en la operatoria y las desigualdades que existen en el funcionamiento de sus mentes. Estudiamos y ampliamos en lo posible los disparejos procesos. Y remarcamos los errores y los deslices propios de esa forma de operar. Por último, asistimos a su gran potencialidad y a su increíble grandeza.

Esa doble cualidad de las cosas.

Esta diferenciación es esencial. Los mecanismos de la vida dotan a cada uno de los miembros de la especie de atributos particulares, en virtud de la teoría de la evolución (Darwin). Estos atributos diferenciadores tendrán la capacidad, o no, de adaptarse a las nuevas condiciones que imponga la vida (éxito de los más aptos). Y esto es así para todas las especies vivas de este planeta, incluido el hombre.

Nos diferenciamos, y así lo reconocemos, unos de otros en virtud de la genética y la evolución. Lo hacemos a través del fenotipo que define nuestras características externas de cómo somos: el color de nuestros ojos, la altura que tenemos, el color y la textura de nuestro pelo, los matices de nuestra piel... Nos diferenciamos, también, a través del genotipo, esa herencia que papá y mamá nos cedieron, y que portamos en nuestros genes. Una carga hereditaria que definirá nuestra biología, el tipo de carácter y nuestro psiquismo.

Y por supuesto, nos diferenciamos también en nuestra historia personal (biografía) y en nuestro modo de ver (teoría de la mente) y de actuar en el mundo (sistema de creencias, sesgo y atribución).

Y de cómo todo esto contribuye a marcar todavía más las diferencias personales y nuestro devenir.

En fin, esa doble cualidad de las cosas.

De alguna forma, y para rematar este apartado, concluiríamos que la noción básica del razonamiento de un elefante cualquiera sería: "Creo, luego pienso".

Ahora quizás encarne yo a ese elefante. Y por un momento pondré voz a mis pensamientos:

Creo, luego pienso... que yo soy...

* una persona llena de valores, aunque en mi realidad los valores ya no se aprecian;

* que mi destino está parcialmente escrito, y que todavía algo puedo hacer al respecto;

* que los amigos no existen, que todos buscan un interés;

* que mi historia de una infancia traumática me marcó, que ya dejé de mirar al pasado y que ahora hago mucho por mejorarme;

* que en pareja creo ser un buen compañero y respetuoso, aunque impongo mi deseo de no ser padre;

* que necesito sentirme querido y aceptado por el grupo, y que me lo manifiesten. Me duele mucho, mucho los silencios, los desprecios, las venganzas;

* que el triunfo se suda, no creo en la suerte;

* ...

¿Y dónde las emociones?

Hasta el momento hemos visto el origen y las características que hacen tan persistentes las estacas (las creencias). Después hemos indagado en cómo funciona la mente de los elefantes (y los errores propios de esa mente). Con estos patrones ya prefijados, hemos podido aventurar cómo esto establece y consolida unas diferencias entre unos y otros. Y sin embargo, la perspectiva se sigue quedando corta.

Hablar de creencias sin el correlato de las emociones es fijar la mirada en una parte concreta del lienzo ignorando el resto del cuadro. Definir cómo opera y desvirtúa la realidad objetiva nuestro cerebro, sin la presencia del mundo emocional, sería quedarnos con la parte reduccionista y mecánica de las pocas piezas del motor, ignorando los elementos que sustentan y coordinan el proceso mismo de la combustión y el movimiento.

El pensamiento es algo fantasmal, intangible, frío y etéreo, no invita a la acción por sí mismo. Necesita de volumen, de ardor, de energía para conseguir movilizarse en una dirección determinada. Y esto es lo que aportan las emociones, esas reacciones neurofisiológicas intensas e involuntarias que responden a estímulos concretos.

Las emociones constituyen un elemento esencial de la existencia y adaptación humana, y se les atribuye una cierta modulación social, pues influyen en cómo nos relacionamos. Emociones como la tristeza, el enfado y el miedo se consideran básicas. Suelen encuadrarse dentro de las emociones que son vividas como aversivas. Según algunos autores, las emociones pueden ampliarse, hasta llegar a ser muchas más de las conocidas y usuales. Todo ello es respetable, aunque el debate persiste. Estas emociones, llamadas negativas y vividas como aversivas, en realidad ni son lo uno ni lo otro. Toda emoción, encuádrese como positiva o como negativa, es una respuesta a una situación que estamos experimentando en ese momento; o bien obedece a un reclamo orgánico frente a una necesidad que no está siendo cubierta. Si no interferimos, el mundo emocional tiende a autorregularse por sí mismo.

Tanto la tristeza como el enfado y el miedo poseen aspectos cognoscitivos, afectivos, conductuales y fisiológicos diferentes unos de otros. Y son estas propiedades las que terminan por acentuar el impacto de esas emociones.

Llegan a jugar un papel importante en el proceso de razonamiento y en la toma de decisiones. Las emociones y los sentimientos pueden dirigir la atención del sujeto hacia unas razones concretas, obviando o negando otras.

La función afectiva de nuestro sistema de creencias se muestra como un estado permanentemente activo y vigilante. Es el radar que mapea el mundo. Pepitone (1991), psicólogo social, defiende que son cuatro las funciones básicas de este sistema de creencias:

- La primera alude a una parte emocional: las creencias sirven directamente para manejar las emociones.

- La segunda posee un carácter cognitivo: proporciona un sentimiento de control y conocimiento sobre la vida.

- La tercera se refiere a que las creencias funcionan para regular la responsabilidad moral y ética entre la persona y el grupo.

- La cuarta función es que las creencias promueven la solidaridad grupal, al darle a las personas una identidad compartida y común.

Si nos ceñimos a la emoción como tal, observamos que la principal función de la tristeza consiste en ayudar al ser humano a asimilar una pérdida irreparable. Lo afectivo en la tristeza se expresa en las ganas continuadas de llorar, en la falta de ánimo o en la tendencia a la soledad.

En cuanto al enfado, diríamos que es un estado emocional que incluye sentimientos que fluctúan en intensidad, desde la irritación hasta la furia o la ira. Suele acompañarse de una notable excitación del sistema nervioso autónomo. La mayoría de las reacciones de enfado suelen obedecer, entre otras causas, a una baja tolerancia a la frustración.

Sobre el miedo hablaremos abundantemente en el siguiente apartado.

Lo curioso del ser humano es que, como una contribución más de su cognición y de su pensamiento, posee la capacidad de influir en el funcionamiento de sus propios procesos autónomos. Es el único animal de todo el planeta con esta particularidad. La psicosomática sabe abundantemente de esto.

Poseemos la capacidad de interferir en nuestras funciones corporales: podemos enlentecer voluntariamente nuestro ritmo cardiaco o bien podemos aumentarlo, nuestra es esa capacidad de modificar el latido de nuestro corazón. Lo mismo ocurre con la respiración, y esto lo vivimos muchas veces en la consulta de terapia. Dependiendo del tema que abordemos, sobre todo si son heridas emocionales profundas y todavía sangrantes, podemos encontrarnos con pacientes que llegan a hiperventilar. Son pacientes que aumentan voluntariamente su ritmo respiratorio en un intento absurdo y estéril de mantener el control. Los grandes maestros de la meditación pueden llegar a modificar su respiración hasta disminuirla y hacerla prácticamente imperceptible.

Y, sobre todo, y esto es lo más llamativo, interferimos bloqueando el curso de nuestras emociones.

Tenemos esa capacidad de dilatar en el tiempo la tristeza, prolongándola indefinidamente; o la posibilidad de aferrarnos al enfado impidiendo su resolución y posponiendo la activación de la calma. Poseemos esa propiedad dúctil de condicionar nuestros estados interiores.

Emociones fundamentales

Arnold: amor, aversión, desaliento, desesperación, esperanza, ira, miedo, odio, tristeza, valor

Carlson y Hatfield: felicidad, amor, enojo, tristeza y miedo

Ekman: ira, júbilo, miedo, repugnancia, sorpresa, tristeza

Frijda: aversión, congoja, deseo, desprecio, ira, júbilo, miedo, orgullo, sorpresa, vergüenza

Gray: ansiedad, ira/ terror, júbilo

Izard: congoja, culpa, desprecio, interés, ira, júbilo, miedo, repugnancia, sorpresa, vergüenza

James: amor, duelo, furia, miedo

McDugall: asombro, euforia, ira, miedo, repugnancia, sometimiento, ternura

Oatley Jahnson-Lair: felicidad, ira, miedo, repugnancia, tristeza

Panksepp: expectación, furia, miedo, pánico

Plutchink: aceptación, anticipación, ira, júbilo, miedo, repugnancia, sorpresa, tristeza

Tomkins: congoja, desprecio, interés, ira, júbilo, miedo, repugnancia, sorpresa, vergüenza

Watson: amor, furia, miedo

*Fuente: Ortony, A., Clore, G. L. & Collins, A. (1999). *The cognitive structure of emotions.* Cambridge: Cambridge University Press.

Muchas de las patologías que nos llegan a la consulta son el resultado de interferir en la propia autorregulación emocional. Como todo lo vivo, las emociones son expresiones del presente, del aquí y ahora. Si deliberadamente influimos en ellas, interferimos en el ciclo de autorregulación de estas.

Es entonces cuando se altera nuestra sintomatología, bien porque cronifiquemos en el tiempo alguna emoción concreta o bien porque intoxicamos nuestro mundo interior desvirtuando nuestro sentir. La cuestión es que acabamos desequilibrando nuestra capacidad biológica de respuesta autónoma.

La terapia breve estratégica es un modelo de intervención en terapia, introducida al inicio de nuevo siglo, por el psicólogo Giorgio Nardone. Su característica principal es la intervención paradójica. Y paradójica es su máxima en cuanto a la definición de la causa del origen de la patología. Vendría a decir lo siguiente: lo que nos enferma realmente no es el problema, sino las diferentes soluciones que ponemos en marcha para enfrentarnos al problema.

Vamos a darle un sentido más comprensible en lo posible. Para ello tiraremos de sabiduría ancestral, en ese formato tan habitual como es el cuento.

"El célebre y contradictorio personaje sufí Mulla Nasrudín estaba de visita en Calcuta. Paseó por sus abigarradas calles, hasta que, al llegar a un puesto de dulces, este le llamó poderosamente la atención.

Nasrudín era un célebre goloso y compró una gran cantidad de esos supuestos dulces. Eran pequeñas tortas de chile horneadas.

Buscó un sitio donde sentarse y devoró el primero de los pasteles. Era tan picante aquel pastel que comenzó a arderle la boca y a lagrimearle los ojos. A pesar de esto, Nasrudín continuó metiéndose tortas de chile en la boca. Estornudaba, lloraba, gesticulaba llamativamente, y aun así seguía ingiriendo aquellos pasteles. Un hombre que asistía asombrado a la escena le dijo:

—Amigo, ¿no sabe que los chiles solo se comen en pequeñas cantidades?

—Buen hombre, créame, yo pensaba que estaba comprando dulces —le expresó mientras seguía comiendo chiles.

—Y ahora que ya sabes que no son dulces, ¿por qué sigues comiéndolos?

Entre toses y sollozos, Nasrudín dijo:

—Ya que he invertido en ellos mi dinero, no pensará que los voy a tirar...".

Cuento tradicional sufí.

Insistimos: una creencia, por profunda que sea, es inerte. Sin el añadido de una emoción o un sentimiento asociado, no toma vida ni golpea.

Las creencias nos condicionan, los sentimientos nos hacen, dan el soplo de vida a las creencias; las nutren y retroalimentan, o las apagan.

Creencia y emoción en simbiosis. De esta combinación surgen las reacciones, los conflictos, las decisiones; y el cuestionamiento, y quizás, hasta la evolución.

Creencia y emoción en tándem van creando el guion de nuestra vida. Este es el verdadero perfil personal de nuestra íntima y exclusiva biografía.

Una creencia como tal es inerte. Para que llegue a operar como estaca, debe primero *tragarse* (introyección) y después revestirse de emociones o de sentimientos. Es entonces cuando pasa a convertirse en ley absoluta, principio incuestionable, lema extremo, juramento fanático...

La psicología como ciencia necesita de un enfoque holístico, es decir, de una visión general y total del ser humano.

Somos una entidad singular e irrepetible, viva y completa, una amalgama de mente, emoción y conducta.

Lo psíquico y lo emocional coexisten tan íntimamente unidos que acaban conformando la individualidad.

Todo va tan fusionado que a veces es difícil dilucidar el peso de las partes que lo integran.

¿Quién ha dicho que los elefantes no tienen corazón?

El miedo: una emoción universal

El miedo es una emoción universal, palpita en todo ser vivo y en todos los confines de nuestro planeta. No importa la especie, ni su originalidad, ni tan siquiera su tamaño; el miedo pulula profusamente en nuestro más amplio horizonte.

El miedo es una emoción básica, es un atributo de la supervivencia. El miedo tiene un único sentido: proteger y defender la vida. Su mecanismo de activación es drásticamente primitivo, es totalmente explosivo y dispuesto para la acción: o ataque o huida.

El miedo es una emoción que activa la preservación de la vida. Viene incrustado en nuestro ADN, y esto lo diferencia notablemente de las otras emociones básicas, sobre todo en los humanos.

El miedo es una emoción que para desatarse necesita habitualmente que dos estímulos o sensaciones estén presentes en la escena: la aprensión y la exposición. Con estos dos atributos en el escenario, es posible que el miedo explosione.

Ante una sensación de peligro, el miedo desata un gran impacto fisiológico: acelera el ritmo cardiaco y la respiración, contrae los músculos, y dilata las venas y las arterias para aumentar el aporte de sangre. Todas estas manifestaciones están reguladas por la activación del sistema nervioso simpático y parasimpático, por lo que son totalmente autónomas e independientes de la voluntad o de la conciencia. La intensidad de la respuesta y las propias secuelas físicas de la reacción son tan abrumadoras e impactantes que aquel que lo vive intentará minimizar en el futuro una exposición a una experiencia semejante.

Así, todas las especies se revisten de artimañas para evitar o contener el miedo. Van surgiendo por el camino estrategias propias de cada género, la especialidad o artificio de cada especie vendrá relacionada con un hito evolutivo determinado. Nos encontraremos con estrategias basadas bien en el camuflaje (como el disfraz), en el veneno (especialmente disuasorio), tal vez en el sabor (repelente y vomitivo), la existencia de una armadura (protección básica) y, quizás la más habitual, la necesidad de envolverse en el grupo (manada, rebaño).

Todo ser vivo necesita sentir una ilusoria seguridad de protección. Esto le permite avanzar y evolucionar en la cadena de la vida: nutrirse, crecer, explorar, aparearse.

Hasta ahora hemos estado hablando del miedo emocional, entendiendo este como un miedo real, fundamentado en el presente del aquí y ahora. Sin embargo, el miedo tiene vertientes sospechosas en lo que respecta al ser humano. Nuestra fantástica capacidad cerebral de pensamiento y proyección nos otorga un lugar predominante en la escala evolutiva. Ya lo decía el escritor francés Alejandro Dumas: "No hace falta conocer el peligro para sentir miedo". De hecho, los peligros desconocidos son los que inspiran más temor.

Y en esa doble cualidad de las cosas, esta potestad de nuestra mente acaba imponiéndonos un lastre que nos atosiga. Porque nuestro cerebro tiene también esa otra capacidad de crear y potenciar en nuestro interior un miedo irreal o fantaseado. Nuestra mente a veces pierde la capacidad de discriminar si lo que está ocurriendo en ese momento sucede realmente dentro o fuera. A la hora de imaginar, nuestra mente puede vivir como real la fantasía que se está montando.

Solo a través de lo que denominamos *metacognición* tenemos posibilidad de discernir si lo que experimentamos es algo real o obedece a un juego de la ilusión. La metacognición es esa consciencia de nuestro propio pensamiento en acción. Es, en suma, percibir lo que estamos pensando.

Curiosamente, ese miedo fantaseado nunca se ubica en el presente. De hecho, habita tan solo en el futuro. Suele envolverse en premisas como: "¿qué pasará si...?" u otras variedades de esta: "¿y si todo falla?", "¿y si me abandonan?"...

Este miedo irreal puede llegar a ser aterrador cuando se transforma en algo tangible, como las alucinaciones en la psicosis, o puede optar por generar un miedo continuado, de bajo nivel, y que termina siendo invalidante, como en el caso de la ansiedad. La ansiedad es una situación clínica que se presenta con toda una sintomatología propia. Se percibe en ella un miedo fantaseado y anticipado que siempre radica en el futuro.

Entendemos por miedo real (la verdadera emoción miedo) a la presencia de una amenaza real y concreta para la vida: el ataque de una jauría de perros asilvestrados, por ejemplo.

Entendemos por miedo irreal o fantaseado la sintomatología que se genera en ausencia de una amenaza real y concreta. Esta supuesta amenaza fantaseada suele ubicarse siempre en el futuro. Es el miedo anticipado al probable resultado de un examen, o al temor de si el dinero nos alcanzará, o a la inquietud de si nuestra pareja nos rechazará...

Según el grado de afectación personal, este miedo irreal puede alcanzar determinados estadios o intensidades: ansiedad, angustia, trastorno de pánico, o desvirtuarse en algún tipo de fobia ampliamente consolidada.

No existe la vida sin miedo. El miedo, aunque no lo parezca, aporta, no sustrae.

Déjeme que me repita: todo en la vida sigue el principio de la doble cualidad. La parte que suma de esta fórmula se expresa en:

- El miedo es una emoción primitiva y básica.

- Existe en función de preservar nuestra propia vida.

- Contribuye a la elección de mecanismos para nuestra supervivencia.

La parte más sombría de esta fórmula argumentaría esto:

- El miedo asusta e invalida. En consecuencia, es una emoción repudiada e innecesaria de la que debemos escapar de forma intencionada.

- El hombre, con esa capacidad que posee de influir sobre sí mismo, contribuirá a arrancarlo de su vida y suprimirlo en lo posible. El miedo acabará así siendo desterrado al sótano.

Dependiendo de determinadas características personales, estas estrategias podrían no estar al alcance del sujeto. Existen pacientes que acuden a terapia porque experimentan un miedo irreal de baja intensidad, aunque persistente y mantenido. Reconocen incluso lo absurdo de este miedo. En la clínica suele presentarse como miedo a la muerte o miedo a alguna enfermedad, o quizás miedo a la pérdida de control, etc.

Lo curioso de esta estrategia tan sensata y humana de ignorar y desterrar el miedo es que es el propio miedo quien rechaza este tipo de solución, lo encajones, lo maniates o lo encierres.

Y lo hace amparándose en que es una emoción más de las que habita en nosotros, y que nuestro mundo interior percibe como viva y palpitante, por lo que intentará darle expresión y forma.

Y lo hará a través de una manipulación sutil que nos inducirá a experimentarlo, aunque sea en aparentes y pequeñas dosis. Nos empujará o incitará a quedar para ir a un cine a *disfrutar* de una película de miedo; nos estimulará a explorar o a juguetear con los deportes de alto riesgo (*balconing, puenting, wingsuit flying...*); o quizás nos involucrará en alguna de esas experiencias perversas y suicidas, como puede ser la ruleta rusa.

El binomio siempre será el mismo: una siniestra mezcla de miedo y ansiedad, repitiéndose quizás hasta consolidarse en una adicción más.

Las estacas (esas ideas y creencias que somos) y sus intrínsecas propiedades aportan, no sustraen. Consolidan una barrera de ilusoria seguridad de protección frente al miedo. Las creencias familiares, la identidad, etc. mantienen al grupo cohesionado, aportan protección y permiten expresar la posibilidad de la proyección de lo personal.

Cimentan el presente (nuestro presente) y abren la posibilidad de un camino evolutivo hacia el futuro (nuestro futuro).

Un futuro con mayor o menor acierto, eso lo dirá el devenir.

Esa doble cualidad de las cosas.

Una visión etológica

La etología es la ciencia que estudia el comportamiento de las especies en su medio natural, incluido el hombre. Su enfoque es el estudio de la propia conducta animal en su interacción con el medio.

Los seres humanos somos animales, aunque unos animales muy singulares. Poseemos unas características muy definitorias: la capacidad de expresarnos por medio del lenguaje y la propiedad del pensamiento y la abstracción. Esto nos ubica en un lugar único en el mundo: somos la única especie capaz de influir y de modificar el entorno.

Como muchas otras de las familias animales, tendemos al gregarismo, a unirnos en grupos. Formar parte de un grupo es uno de los variados mecanismos biológicos para minimizar el miedo y asegurar la supervivencia. Los rebaños o las manadas, desde un punto de vista etológico, requieren de una organización que permita su consolidación:

✳ de una relación cohesionada (se desplazan juntos),

✳ de una identificación de los miembros de pertenencia,

✳ de la existencia de una relación jerarquizada,

✳ de un liderazgo bien posicionado

✳ y de un territorio propio.

Nuestro particular rebaño es el clan familiar. Allí establecemos una relación cohesionada, jerarquizada, con un liderazgo presente y en un entorno propio. Es nuestro grupo primario y básico. Este pequeño y limitado rebaño que es la familia se vincula a su vez con una gran y dispersa manada exterior: la manada social. A partir de este núcleo primario vamos estableciendo otro tipo de relaciones grupales de carácter más general, más abiertas y más flexibles, y que se van a ir distribuyendo en formato de red (red de amigos, red de trabajo, red religiosa o espiritual, etc.).

La selección natural en sus varias directrices impulsará estrategias defensivas diversas para encauzar la supervivencia a través del éxito reproductivo.

Entre otras muchas, tiende a fomentar algunos de aquellos actos que benefician más a la descendencia. Los retoños son los parientes más cercanos, e interesa emitir conductas que hagan por reforzar los lazos y el cuidado de estos. Al fin y a la postre, ellos representan el éxito reproductivo.

La selección natural robustece las conductas protectoras maternas y/o paternas, pues va a favor de perpetuar los genes. La relación madre–hijo puede ser considerada como un elemento más de un patrón adaptativo de supervivencia.

Desde su nacimiento, los seres humanos viven inmersos en una interacción de unos con otros. A través del juego y de la propia dinámica de relación de padres con hijos, se inician los primeros procesos de socialización. Si alejamos el foco, podemos concluir que, desde la infancia hasta la edad adulta, la persona vive inserta en un mundo social.

Hay una alta evidencia empírica entre la actividad cognitiva que comporta el lenguaje y la conducta, y los procesos de socialización. Una y otra vez, los estudios de campo confirman la presencia de dos parámetros que se vinculan estrechamente y que tienen repercusiones mutuas:

1. El desarrollo cognitivo.

2. La interacción social continuada.

Las creencias tienen un origen cultural, en tanto se construyen en formatos de interacción social y a través de procesos de aprendizaje asociativo. Se forman muy tempranamente en nuestro desarrollo y en el proceso de socialización.

En el hombre el sistema de creencias le ayuda a la toma de decisiones, o le permite interpretar, predecir y controlar los eventos. En su uso continuado acaban proporcionando certidumbre psicológica.

Las creencias en sí son verdades personales incontrovertibles que poseen un gran valor afectivo (emocional) y que se mantienen inmutables en el tiempo. Ni tan siquiera importa la gran cantidad de contradicciones acumuladas en contra de esas creencias. Esta rigidez es la principal característica de estas.

"La mayoría de las creencias que posee el ser humano son instrucciones tipo adoctrinamiento, es decir, ideas que se ha introducido en la cabeza o que ha adoptado de otros como propias" (Guix, 2009). Son el producto de una socialización inducida que parece representar, para la selección natural, todo un éxito reproductivo.

Las creencias familiares, esas estacas incrustadas firmemente, funcionan como pegamento vincular y normativo. Permiten la cohesión del grupo, la identificación de los miembros, y consolidan una relación de jerarquías con un sentido de territorio propio. Hacen de la familia un *rebaño* funcional, apto para la supervivencia. Se integra en la manada social a través de unas estacas compartidas y profundamente enraizadas. Estas estacas se van labrando por medio de una cultura compartida y unas reglas morales comúnmente aceptadas.

El rebaño familiar integrado ya en la manada social permite nuevas fuentes estimulares y nuevas posibilidades para el desarrollo personal. Surge en el horizonte la existencia de nuevos contactos profesionales, nuevos amigos, nuevos territorios. Pertenecer a la gran manada social aporta una sensación de una riqueza grupal más amplia y heterodoxa, y más protección.

"Todos nacemos originales y morimos copias"
Carl Gustav Jung, 1955.

Esa doble cualidad de las cosas.

El orden y el sistema

La vida suele iniciar su camino mucho antes de la vida. La concepción y la gestación de un hijo supera en mucho el propio proceso del tiempo y los recursos empleados.

Lo sucedido sobre todo antes y durante la gestación abrirá diferentes posibilidades en el alumbramiento y el desarrollo de esa criatura, le otorgará a ese retoño un tono emocional propio que de alguna forma contribuirá a consolidar un futuro para él, más o menos esperanzador.

Un embarazo producto de una violación es posible que ocasione una gestación emocionalmente fría o desapegada.

Una concepción tras la muerte de un progenitor o la pérdida de un hijo es posible que tiña emocionalmente ese embarazo de profunda tristeza.

Un embarazo indeseado, o uno inesperado, o aquel vivido sin el soporte de una pareja, o el experimentado en un aislamiento familiar por hallarse en una ciudad y/o una cultura diferente, etc. son escenarios plausibles (y podríamos escenificar muchos más) que van a condicionar una gestación ofuscada, quizás falta de ilusión, e incluso un sentimiento de repudio o de vergüenza.

Todo esto establecerá unas nuevas condiciones que pueden salpicar de forma indeleble al nacido.

Por el contrario, existen otros caminos hacia la maternidad que se nutren de un ambiente con texturas y colores muy diferentes. Obedecen a la trasformación de un deseo lleno de esperanza, a una llamada interior, a la consolidación de un anhelo ilusionante. Se vivirá esa gestación como algo emocional y genuino, pleno de alborozo, de ilusión, de satisfacción, etc.

El mapa de un embarazo, como proceso biológico, lo podemos anteponer, no así el territorio. Y será el territorio quien impondrá las condiciones para desarrollarse y subsistir, con mayor o menor fortuna.

Hay, pues, hijos que son producto del infortunio.

Boris Cyrulnik, neurólogo y psiquiatra francés, dedicó gran parte de su vida a tratar a niños traumatizados. Él fue quien aporto a la psicología el término *resiliencia*.

La resiliencia engloba una capacidad de carácter afectiva y psicológica. Vendría a enfatizar una posible capacidad interna en los seres humanos como la de renacer desde el sufrimiento. Habla de niños dañados y seriamente traumatizados que consiguieron torcer el guion de sus vidas, que se trasformaron en hombres y mujeres prometedores, que consiguieron destacar como faros de la naturaleza. Suelen ser emprendedores e impulsores de pequeñas asociaciones orientados usualmente al cuidado y la protección de otros.

Recomendaría para la ocasión la lectura del libro *Más fuerte que el odio* de Tim Guénard. Es un libro de carácter autobiográfico e ilustra el sentido pleno de lo que es la resiliencia.

Por esa doble cualidad de las cosas, existe una esperanzadora oportunidad en el horizonte de estos hijos del infortunio.

Se precisa de una gestación de nueve meses para que un niño o una niña alumbren a la existencia. A pesar de estar completamente formado el bebé, resalta la consideración de ser señalado por su completa inmadurez. Es un organismo altamente complejo, con una incapacidad manifiesta para subsistir por sí solo. Esto lo hace extremadamente vulnerable y muy dependiente.

Este es el precio que pagamos por ser el mamífero más evolucionado del planeta. Necesitamos de grandes cuidados y atenciones, prolongados durante muchos años. Y sobre todo necesitamos de un vínculo emocional persistente y duradero que ofrezca unas garantías sólidas para poder alcanzar ese fin.

Una madre envuelta en un halo de tristeza o emocionalmente aplanada o depresiva intentará en lo posible desenvolverse lo más funcionalmente que pueda con su hijo; aunque lo hará mermada en sus capacidades, afectivamente disminuida, sin calor, falta de ilusión.

Una madre trabajadora sujeta a largos horarios impuestos, o aquella que además cuida a su madre dependiente, o aquella adicta al alcohol, etc. crearán situaciones muy desiguales en la relación madre/hijo, y acabarán generando resultados diferentes.

Jhon Bowlby, psicoanalista inglés, fallecido en 1990, fue todo un pionero en impulsar la teoría del apego. El vínculo de apego suele iniciarse a lo algo de los primeros meses de vida y es el que se establece entre el niño y sus padres.

El apego es una vinculación afectiva de carácter intenso que se mantiene a lo largo del tiempo y que parece poseer un marcado carácter biológico. El fin último de esta relación tan íntima e intensa es crear un espacio de seguridad y protección frente a las amenazas, una forma más de cómo la evolución nos inviste, para ayudar a asegurar la descendencia en la propagación de nuestros genes.

Desde una perspectiva emocional, el apego aporta al niño la convicción y la seguridad de que el progenitor siempre va a estar a su lado de una forma incondicional.

En función de la personalidad y las circunstancias particulares vividas por esa madre o la otra persona involucrada en el apego (padre, abuela...), la relación presentará una estabilidad mantenida en el tiempo o presentará alteraciones e interrupciones temporales. Se podrán constituir así diferentes tipos de apego, que acabarán impactando en el niño y determinarán su porvenir.

Este ser inmaduro y vulnerable comenzará a sufrir alteraciones en lo que es su mundo afectivo. Potencialmente, acabará afectando a la construcción de su personalidad, a la persona que será.

Los diferentes tipos de apego que se pueden manifestar son:

- El apego seguro: se da cuando la madre es amorosa, atenta y sensible a las necesidades del niño. Es un niño que crecerá confiado y seguro. Suelen ser sociables con extraños.

- El apego ansioso-ambivalente: la madre es imprevisible, a veces está disponible (y es amorosa) y otras está ausente (y es fría). El niño crecerá irritable e inseguro con respecto a sí mismo y a los demás. Suelen ser muy cautelosos con los extraños.

- El apego evitativo: la madre tiene dificultades para entenderse con el niño, está poco disponible. Son niños que no solicitan ayuda ni consuelo. No se muestran vulnerables y suelen ser sociables con los extraños.

- El apego desorganizado: es una mezcla de conductas del apego ansioso y el apego evitativo. Suelen ser niños ambiguos e imprevisibles.

Este apego de nuestra infancia comienza ahora a cobrar importancia. Sabemos que tiene la capacidad de influir en la elección del tipo de creencias; que esta elección se hará por filtración, desechando unas y interiorizando otras, aquellas más próximas al modelo de nuestros progenitores; que este sistema de creencias aglutinará a su alrededor un tipo de ideas y conductas; y que acabará forjando el estilo de relación que estableceremos con nuestra futura pareja y con los otros.

Hasta el momento, hemos visto que hay condiciones que alteran el campo del sistema familiar y que impactan en el niño antes de nacer. También hemos visto que, una vez nacido este niño, su inmadurez impondrá una relación de cuidados y afectividad (apego), lo que determinará gran parte de su personalidad.

Ahora nos asomaremos a otra característica que también tiene cierta capacidad de influencia y que tiene que ver con el orden de llegada.

En la familia, la disposición de la estructura viene definida por la presencia de los padres en un primer lugar y del orden de llegada de los hijos a continuación. Este orden se acompaña de unas atribuciones establecidas, es decir, de una asunción de roles, en relación directa con el puesto que ocupan o el número de hijo que acaben siendo. El rol sería el papel (la función) que desempeña ese miembro de la familia en particular. El rol tiene un carácter voluntario, aunque aparentemente venga impuesto. La funcionalidad del grupo llevará a que alguien acabe asumiendo ese papel, si el perteneciente no lo desarrolla.

Puede existir un papá que no asuma su rol de padre (estaríamos hablando de un padre que abandona o ausente); entonces alguien ocuparía ese rol: la madre, el hijo primogénito, etc. Y este rol es necesario desempeñarlo para el buen funcionamiento del grupo familiar (su no existencia podría dar lugar a una familia desestructurada).

Un hijo o una hija primogénita podrían renunciar a ese sitio serio de responsabilidad y compromiso, que se configura como el hermano o la hermana mayor. Entonces, se sucedería un movimiento interno y fluido dentro del contexto familiar: el hijo o la hija segunda o tercera vendrían a desempeñar el rol de hermano mayor y a ejercerlo sin miramientos.

En cuanto al orden de llegada, no es lo mismo nacer el primero que ser el tercero. El hijo/a mayor nacerá y crecerá en un entorno de miedo y ansiedad de desempeño, al ser los padres primerizos. Vivirá una infancia condicionada, rígida y normativa. Tenderán a ser adultos responsables y comprometidos, aunque con ciertos rasgos de inseguridad. El o la segunda suele desenvolverse en un ambiente de más confianza. Los padres ya tienen una cierta experiencia en la crianza, hay menos rigidez en su infancia. Suelen ser más sociales y flexibles. Al no responder tan firmemente a las normas parentales, tienden a desvincularse más fácilmente del núcleo familiar.

Los benjamines suelen recibir una educación más abierta y protectora, y estar condicionalmente más mimados. Suelen luchar intensamente por su independencia, pues tienden a infantilizarlos y a restringir su autonomía. Suelen ser adultos testarudos y muy sociables. El orden de nacimiento nos marca de alguna forma, trae implícitas ciertas facultades que podrían o no condicionar nuestro desarrollo emocional y nuestra personalidad.

Dependiendo de su orden de nacimiento, estas estacas estarán íntimamente fusionadas en usted (introyección), o presentarán cierta laxitud en su ser interior. Podrá evolucionar en su vida con un cierto albedrío o sentirse retenido (inmovilizado) de forma permanente en su presente. El ambiente condiciona tanto como nuestra personalidad.

Esa doble cualidad de las cosas.

Sufrimiento frente a dolor

Permítame relatarle una pequeña y curiosa escena rural:

"Un hombre que estaba inmóvil sostenía una cabra en sus brazos y dejaba que el animal se fuese alimentando del arbusto bajo el que se cobijaban. Al poco otro hombre pasó por allí, observó la escena y le dijo:
—¿A qué viene sostener la cabra para que coma, cuando ella puede hacerlo perfectamente sola, sin necesidad de cargar con ella? ¡Vaya pérdida de tiempo!
—Sí —repuso sosegadamente el hombre—, pero a la cabra no le importa".
Cuento tradicional indio.

Un hombre sostenía una cabra en sus brazos y la cabra estaba comiendo. Esto sería lo obvio. Ahora podemos darle las interpretaciones más fantasiosas que consideremos al suceso.

Yo prefiero argumentar que un hombre sostiene en sus brazos una cabra aparentemente sana, que deja que se nutra de las hojas del arbusto; que esto es lo hace el hombre libremente y que todo obedece al reflejo de un acto de ternura o cariño; que el hombre se siente satisfecho por esta contribución, y reconoce que la cabra por sí misma puede alimentarse, y que no lo necesita a él para nada.

Existen hombres y mujeres que sostienen sobrecargas de forma rutinaria y cotidiana. Muchas de estos esfuerzos y cuidados son reflejo de actos amorosos. Siempre están orientados hacia fuera, dirigidos a otra persona, a alguien cercano, quizás un familiar o una persona con quien se ha creado un vínculo muy especial. Lo curioso de estas cargas asumidas es que la mayoría de las veces acaban convertidas, de puro cumplimentarse reiteradamente, en obligación. Y proyectado en el tiempo, en una sobrecarga.

Un sentido de cariño abierto y generoso suele ser elogiado socialmente. Aunque existe un tipo de amor en el que el actor pone a disposición del sujeto elegido una claudicación completa de su persona. Su existencia se transforma en un limitado y cerrado fin al servicio del otro. Su única razón de vivir es contribuir a cumplir los objetivos de esa persona y a cubrir el mínimo deseo de esta. No importa si esta es un hijo, un consorte o tal vez un progenitor.

A este tipo de relación de supeditación enfermiza la denominamos *amor ciego*. Es un vínculo enfermo, una relación anómala. Esta relación, abandonada a su suerte (sin intervención profesional), producirá en ambos actores intervinientes y, en un futuro cercano, mucha patología mental. Y sufrimiento. Mucho sufrimiento.

Por esa doble cualidad de las cosas, el amor que suele idealizarse como una bendición de los cielos, cuando es perverso, acaba desnutriendo e intoxicando.

En terapia solemos hacer mención y trabajar con los signos comunes de muchas dolencias psicológicas, con independencia de la clínica y del diagnóstico. En función de esto, diferenciamos el sufrimiento como una entidad desigual de la del dolor, aunque en el dolor también exista sufrimiento.

Hablamos de *sufrimiento emocional* cuando sentimos un padecimiento de infelicidad, decepción, inquietud o pena. Suelen ser emociones dolorosas de baja intensidad y que tienden a mantenerse en el día a día. Este estado de sufrimiento tiende a cronificarse con el tiempo y acaba despuntando en una sintomatología de baja intensidad y concreta. Este sufrimiento vivenciado se muestra a través de unos síntomas que pueden variar de una a otra persona: sensación de ahogo, tensión, inquietud, insomnio, irritabilidad... Precisamente estas manifestaciones clínicas son la que posibilitarán su aproximación diagnóstica, en cuadros etiquetados como ansiedad, ira, depresión...

El dolor emocional, sin embargo, es algo más profundo e impactante. Es más agudo, y es vivido por la persona de una forma mucho más devastadora. Una causa como la muerte de un ser querido, una enfermedad orgánica grave o terminal, un accidente traumático, una violación... Cualquier suceso de estas magnitudes va a incidir sobre el sujeto de forma intensa, produciendo sensación de irrealidad, provocando una sintomatología silenciosa o explosiva (según los diferentes estilos de afrontamiento) y una clínica de corte variado: llanto, tristeza, ausencias, tendencias depresivas...

En el marco de psicología, en ese ambiente formal, solemos decir que la ocurrencia de un suceso cualquiera siempre es posible. También entra dentro de lo viable que en la misma persona concurran dos sucesos de características similares. Si esto ocurriese, estaríamos hablando de lo que definimos como una casualidad. Sin embargo, si las circunstancias fuerzan un nuevo suceso de iguales características, y esto mismo llega a ocurrir una tercera vez, decimos que nos encontramos ante lo que es un hábito o una pauta de conducta.

Expresado en un formato más breve sería: si ocurre una vez es azar; si ocurre dos, una casualidad; si ocurre tres, ya es un hábito.

Esta breve muestra sobre las coincidencias me sirve como justificación para poder dar paso a lo que denominamos *repeticiones*.

Poder señalar las repeticiones permite ampliar los signos de las dolencias psicológicas hacia otro apartado, donde también concurren el sufrimiento y el dolor. Las repeticiones no son estrictamente hablando una entidad diagnóstica como tal. Quizás entren más en una modalidad de conducta aberrante. Lo cierto es que, aun siendo una singularidad conductual, se palpa en estos pacientes un sufrimiento pulsátil y un dolor emocional soterrado.

Entendemos por repeticiones la existencia de un guion de conflictos continuados en la biografía de una persona y que mantienen un patrón común. En el marco de una relación terapéutica, es el propio sujeto quien suele mencionarlo de forma espontánea, sobre todo cuando indagamos en la historia de su vida. Suelen narrar una historia crónica y viciada de despidos laborales ininterrumpidos y por causas de lo más diversas: ausencias no justificadas, llegar tarde de forma recurrente, enfrentamiento con la autoridad, falta de rendimiento, etc.; o una historia continuada de abandonos de pareja, o bien de conflictos y choques familiares perennes, o de una problemática de índole social, donde no sabe cómo siempre acaba excluido. Suele ser el tipo de persona que podría ser señalada por el sambenito de la mala suerte o gafe.

Las repeticiones muestran un amplio nivel de sufrimiento y dolor soterrado, y también se acompañan de sintomatología emocional y orgánica. En las repeticiones suele existir siempre una pauta: una conducta errática y un no responsabilizarse de las consecuencias. Parecen no aprender de la experiencia.

Sin embargo, no suelen ser perfiles de la personalidad que bordean la perturbación psicológica, como ocurre con el trastorno límite o el trastorno antisocial. Son hombres y mujeres aparentemente normales que han aprendido a sabotearse de forma contundente (son los desgraciados del sistema), que sucumben bajo el peso de la responsabilidad (que se consideran incapaces de afrontar o sustentar) o que presentan cierta tendencia a las oscilaciones emocionales (distimia).

Cuando hablamos de dolor, de sufrimiento, de desesperanza, estamos hablando de estados internos y autopercibidos (conciencia de lo propio). No estamos describiendo una sintomatología física, corporal, concreta y medible, como puede ser la fiebre o un dolor de cabeza o un vómito. Lo emocional, lo anímico es por sí mismo un mundo que coexiste en paralelo, con conciencia propia, y que suele operar con reglas diferentes.

La posibilidad de poder centrarnos en una sintomatología física y en una emocional (o psíquica) nos está induciendo ya a una separación de la persona en dos vertientes:

• Lo tangible, lo físico: el soma o el cuerpo. Se puede palpar, sentir su calor, sus formas...

• Lo intangible: lo psíquico o lo emocional. Solo podemos saberlo por lo que el paciente nos refiere.

La famosa separación cartesiana de cuerpo y mente hizo mucho daño en este sentido. La totalidad de lo que somos reducida a piezas concretas y elementos separados. El empirismo progresando a expensas de dejar en el olvido todo lo inmaterial: el espíritu, la esencia de las cosas, la dimensión humana.

Algo se nos estaba escapando.

La concepción psicosomática de la enfermedad surge para restaurar la vigencia de lo holístico. Llega para unir y considerar el todo como algo más que la suma de las partes que lo integran. Hace referencia a un cuerpo y una mente fusionados y ensamblados que toma presencia como una entidad única.

El filósofo Blaise Pascal lo formula en una elegante frase: "el corazón tiene razones que la razón desconoce".

Sin embargo, tanto el sufrimiento como el dolor son consustanciales a la vida, todos somos susceptibles de padecerlo.

Los entornos psicoterapéuticos aparecen como una forma de acompañamiento para estos momentos críticos.

La terapia es un encuadre de apoyo para aquellas personas que viven la pérdida de una realidad donde ya no encuentran anclaje, o bien la misma realidad se ha transformado en algo doloroso y turbio.

Hay en la terapia, usualmente, un gran componente de dolor emocional y de quebranto del sentido de la vida.

Siempre consideré que el espacio terapéutico es un rincón vivo, pulsátil y muy humano; que este espacio puede y debe ser hermoseado, sin restarle un ápice de valía. Mi contribución es poner en ese espacio la ternura y mis recursos terapéuticos.

La persona necesita tener a su disposición la posibilidad de poder leer y entender el mundo de una forma nueva, de poder dotar de un sentido comprensible a su sufrimiento o su dolor. Y, una vez que esto toma sentido, entonces el dolor se puede dignificar. Cuando uno puede tomar esto, puede comenzar a integrar estos desgarrados desencuentros emocionales y reequilibrar su mundo interior.

Dentro de los muchos recursos que pongo en terapia para el otro, incluyo los recursos literarios. El uso del cuento o de la poesía dentro de la terapia permite abordar la naturaleza del paciente de una forma personalizada y cercana. El poema, el cuento o una historia están orientados a plantear un nuevo enfoque del problema que invite a movilizar en lo posible al paciente en su proceso. Desmonto su mapa para ampliar el territorio. Permítame un ejemplo que es el testimonio de un ritual de "pase" psicoanalítico:

> *Para él el superyó tenía forma de un supositorio. Había que sustituir analmente el superyó personal por el superyó flexible del analista. Demoré cuatro años en dejar que Bouvet me poseyera analíticamente. Un día le dije que me agradaba esa sodomía psicoanalítica. Entonces, me dio el alta en febrero de 1954.*

El elefante se acerca.

El elefante ha llegado al sitio.

Se encuentra en la antesala de la consulta, aunque no tiene muy claro que es lo que le espera, lo que resultará de esta experiencia con el psicólogo.

Solo sabe con una cierta certeza que, a medida que iban pasando los años, él se sentía amarrado a un presente que no le satisfacía. Que, de una forma inesperada, un día se distanció de lo que consideraba que eran las metas y los valores familiares. Que no puso una clara intención en esto, y sin embargo, este fue la persistencia de su movimiento. Y que este movimiento no le concedía un estado interno de tranquilidad y confianza. Que lo que pugnaba en su ser, era un sentir emocional de tensión e inquietud. Era un sentirse extraño consigo mismo.

El elefante ignoraba dentro de su desconocimiento que a la terapia se llega, no se viene. Que el camino a la terapia no es un acto ni una fecha deliberadamente elegida. Que requiere de unas ciertas condiciones personales. Que requiere de un tiempo de incubación y de una madurez sentida. Que algo, a veces no sabes qué, te trae a la terapia.

El elefante es invitado a pasar a la sala e inicia su encuadre en terapia. Al poco tiempo, ya posee el horario de sus citas concertadas, incluso comienza a acostumbrarse a esa sala de terapia y a transformarla en un espacio propio.

Se siente acompañado, convencido de estar en un encuentro libre. No se siente juzgado, se sabe comprendido, respetado.

A veces, el psicoterapeuta le hace una pregunta concreta. Se sorprende ante ella. Algo se moviliza en su interior. No sabe qué. De repente, algo toma forma. Un nudo en su pecho se desata. Y comienza a hablar, desde un sitio interior desconocido. Habla, y habla, y habla, mientras su voz fluctúa en tonalidad, en emoción, en expresión. Por momentos, las lágrimas le acompañan. A veces, es la sonrisa la que asoma.

En terapia, recibiremos siempre una invitación a ir vaciando nuestras creencias. Tomándolas de una en una, haremos por permitirnos el vomitarlas (aquello que fue tragado y no pudo ser digerido es ahora desalojado), gritarlas, cuestionarlas, maldecirlas.

Mientras esto va sucediendo, a la par vamos tomando conciencia de cuáles son los sentimientos que se nos disparan y cuáles nos embargan; esos sentimientos de inadaptación que a veces nos encajonaban; esos sentimientos que se fusionaron tan íntimamente con las estacas que consiguieron atraparnos, esclavizarnos.

Al elefante le toca decidir, ahora que ya está aparentemente vacío, si desea incorporar nuevas creencias. También debe decidir qué creencias quiere mantener de aquellas que fueron tomadas, y entiende que la elección está orientada hacia aquellas que todavía le suman y le aportan.

El elefante se compromete.

Cambiar las creencias presupone permitir la existencia de otras nuevas. Esto exigirá abandonar las creencias antiguas y las conductas anteriores que estaban establecidas, y que tan cómodas resultaban. Implica desarrollar nuevos comportamientos. Significa transitar durante un tiempo la incertidumbre, sufrir momentos frustración o sentirse desorientado.

El elefante se desorienta, se inquieta.

El elefante persiste.

Tiempo después, comienza a sentirse uno y único.

Un elefante libre y satisfecho.

Sería un error pensar que siempre y obligatoriamente el camino de la sanación, de la liberación, conduce a la terapia.

Hay elefantes que siguen otros pasos.

Hay elefantes con una alta capacidad de resiliencia. Están dotados para encajar y sostenerse en el sufrimiento, para aprender de la propia experiencia, y volver a emprender, y seguir evolucionando.

Todo un proceso de adaptación a la adversidad.

Trascendiendo

Las cosas de la existencia concurren porque tienen un sentido. Una vez trascendido este sentido, deja de ser pertinente. Es así como la existencia dispone las condiciones para el inicio de un nuevo ciclo evolutivo o metamorfosis.

El mecanismo implícito en el propio guion de la vida es la selección natural, y esta se manifiesta sobre todo en el hombre, en esa fuerza o empuje que nos activa hacia la evolución o la trascendencia.

El término *trascender* es sinónimo de expansión. Lleva implícito un sentido de dirección que superar o sobrepasar.

Todo ser humano contiene en sí mismo un estado latente de movimiento o de impulso, que podría tornarse dinámico en algún momento. Si esto ocurre, se siente empujado a trascender.

Este impulso es uno de los artificios de los que se vale la selección natural. La vida en su misterio siempre empuja hacia arriba, invita a superar nuestro propio techo evolutivo.

El hombre, en relación con su sentido de la existencia en el mundo, habitualmente trasciende los planos puramente físicos. Suele posicionarse en una dimensión superior de carácter espiritual o religioso. En este giro, el término *trascendencia* mantiene un sentido de desplazamiento hacia algo que se encuentra por encima del hombre. Y si bien este es un ámbito que pertenece a la religión o a la filosofía, la psicología también incursionó en esta búsqueda científica y especulativa.

Abraham Maslow, psicólogo humanista (1943), irrumpe en este campo y publica su *Teoría sobre la motivación humana*. En ella expone su jerarquía de las necesidades humanas, donde define cinco niveles: los cuatro primeros los engloba en "necesidades de déficit", y un quinto, como una motivación de crecimiento.

En relación con las necesidades de déficit, comienza con las de subsistencia y las denomina *necesidades fisiológicas básicas* (hambre, sed, sueño...). Argumenta que el ser humano necesita cumplimentar y satisfacer sus necesidades más básicas y fisiológicas (beber, comer, respirar, dormir...) para preservar su vida; y que, una vez satisfechas y cubiertas estas, surge otra necesidad de orden superior, que debe satisfacerse a su vez; y que, una vez cumplimentada, da lugar a la aparición de otra necesidad de orden superior por cubrir; y a continuación otra, y otra...

Todo este movimiento de unas necesidades básicas a otras más complejas da lugar a una progresión de menor a mayor, en función de la complejidad de la necesidad humana que cubrir.

Para poder pasar a cubrir estas necesidades de orden superior, antes deben estar cumplidamente satisfechas las necesidades inferiores.

Sería una ficción irrealizable intentar escribir la obra cumbre de la literatura si uno se encuentra al borde la muerte por inanición. Antes estaríamos obligados a comer, a asegurarnos la vida.

Lo más reseñable de este concepto de satisfacción creciente de necesidades es la existencia de esa fuerza que presenta un movimiento ascendente y que sirve de motor de progresión al hombre.

El elefante librándose de la estaca.

Maslow, para dar un sentido representativo a esta fuerza ascendente, la presenta con un diseño en forma de pirámide, la *pirámide de Maslow*. Visualmente es muy ilustrativa.

Convierte las necesidades fisiológicas básicas, por su importancia para la vida, en la base principal. Sin vida no hay posibilidad de nada. Por eso esta es la base más amplia, la que cimenta y sustenta a todas las demás. A continuación, y en orden ascendente, vendrían la necesidad de seguridad y protección, las necesidades sociales, la necesidad de estima y, en la cúspide, la motivación de autorrealización.

La autorrealización, entendida como tal, no es una necesidad, tampoco es una carencia. Por tanto, no hay una obligación real de satisfacerla. Lo habitual es que no sea vea cumplida.

Recapitulando:

A lo largo de este libro nos hemos ido acercado a perspectivas diferentes, aunque complementarias, y a situaciones teóricas curiosas. Reparamos y profundizamos en términos usualmente desconocidos, como las creencias (racionales e irracionales), el mito familiar, la evolución y la selección natural, los errores cognitivos, los modelos mentales, el miedo...

Y es que ¡es tan difícil aprender a ser humano!

Sabernos condicionados por nuestras historias familiares, aceptar que somos falibles, que nuestras interpretaciones de la realidad están alteradas, y aún así aprender a ser empático, a poder ser honesto, a intentar ser razonable, a imponerte ser creativo, o tan solo aportar.

¡Es tan difícil aprender a ser humano, a reconocer que somos erróneos, incoherentes y poco originales!

No deberíamos pedirnos más, ni imponernos más.

"El dolor es inevitable, el sufrimiento es opcional"
Buda

Sin forzar el guion. Dejándose hacer.

Apoyando lo genuino, aquello que es nuestro. Permitamos que esta esencia impregne el mundo.

La autorrealización se convierte así en un acto más. Es toda una motivación, una meta voluntaria.

Se transforma en un movimiento ascendente, en un empuje hacia arriba.

En un salto a un nivel superior de conciencia en la búsqueda de un sentido del ser.

La trascendencia como un acto de evolución última.

La vida en su misterio siempre... empuja hacia arriba.

"A un hombre puedes quitarle sus dioses, pero solo para darle otros a cambio" (Carl Gustav Jung, 1955).

Estoy convencido de que todo esto también incluye a los elefantes.

Nuestros elefantes.

Y como ese elefante que fui, o como el hombre que ahora soy, permítame despedirme con un poema mío de carácter autobiográfico que habla de cómo librarse de algunas estacas.

He jugado con las imperfecciones,
ya ves.
Y he sabido que todo
sí alcanza un sentido
cuando lo relativizas.
Redescubrí la fe en la duda
como por casualidad,
sin apenas involucrarme.
Y alcancé la certeza,
ya ves,
de ser hombre y aprendiz
sin camino definido,
que es tanto como advertir
que he cubierto una página de la historia
acercándome a mí,
acercándome a mí.

Participa en el **Club GuíaBurros** para estar informado de las últimas novedades editoriales y disfrutar de las ventajas, promociones y condiciones especiales de los socios de nuestro club.

Puedes encontrar toda la información en:

www.guiaburros.es
www.editatum.com

Puedes seguirnos también en Youtube y en nuestras redes sociales:

facebook.com/guiaburros

www.youtube.com/c/GuíaBurros

@ guia_burros

@guiaburros

EDITATUM

Libros para crecer

www.editatum.com